遊びを中心とした保育

保育記録から読み解く「援助」と「展開」

JN065463

河邉貴子
KAWABE Takako

萌文書林

〈改訂第2版〉はじめに

　2月下旬、教え子から一本の電話があった。それは希望の進学先に進むことが決まったという喜びの報告だった。母親が電話口に出てこう言った。「好きな道を自分で選び進める子どもに育ったのは、幼稚園でしっかり遊んだおかげです。あのころの経験が土台になっているのは確かです」。

　彼女は私が担任をしていた幼稚園時代からモノにじっくりと取り組んで没頭して遊ぶ子どもだった。その後のさまざまな出会いが彼女を成長させたことはわかっているが、母親の言葉は保育に携わる者にとってうれしいものである。

　幼児教育は後伸びする力を育てる教育といわれ、すぐに成果があらわれない。しかし、ときどきいただくこのようなメッセージによって、幼児期の「遊びを中心とした教育」は長い時間をかけて花開くことを確信することができる。

　2017（平成29）年に、幼稚園教育要領、保育所保育指針、幼保連携型認定こども園教育・保育要領が同時に改訂された。これらいわゆる3法令が足並みを揃えて改訂された意味は、わが国の就学前の子どもたちがいずれの施設に通おうと、質の高い保育が同じように保障されることを示した点にある。質の高い保育の中核は、言うまでもなく子どもたちがよりよく育つことである。そのために必要なのは子どもの自発的活動としての遊びの充実であろう。

　ところが、目に見える成果を求める風潮は本書の初版の頃と変わらず、即席に何かができるようになることを目指す保育がいまだ残っている現実がある。あるいは、待機児童解消に向けて保育施設の量的確保が依然として課題であるために園環境に関する規制が緩和され、園庭のない施設や空間的に十分に遊び込むには狭い施設が増えており、この20年間で必ずしも子どもの遊びの状況がよくなっているわけではない。

　だからこそ、遊びを中心とした保育の重要性を主張し続けなければならないし、もし、「遊ぶことで何が育つのか」と問われたら、説明責任を果たさなければならない。

　証明できる「データ」はどこにあるのかと問われたら、常に実践現場に思考の立脚点を置いている立場から、「それは実践のなかにあり、実践の記録が証明している」と答えよう。

　充実した遊びのなかで子どもたちは発達に必要な経験を積み重ねていく。遊びは子どもが展開するものだからといって放っておいたのでは充実しないし、保育者が引っ張りすぎたのではそれは遊びにならない。子どもの自発性を尊重しながら保育者が的確にかかわり、計画的に環境を構成していくことが求められる。

　遊びのなかで子どもたちの何を、どう理解する必要があるのか。どのような援助が必要なのか。これらの課題は新人の保育者にとってもベテランの保育者にとっても、（そして過去も現在も未来も）常に大きなもので、保育に携わる限り抱え続ける。そして、この課題の解決の方策の1つが保育記録だと考える。

　すべての保育実践はやり直すことができない。援助が的確だったと思えるときもそうでないときも、もう一度同じ場面を再現し、やり直すことはできない。けれども保育者は実践を記録に残すことを通して、そして読み返すことを通して、実践の個別性や一回性を超えて保育において大切なことは何かを学ぶことができる。こうしたプロセスのなかに保育者の力量は形成されていくのではないだろうか。

　本書ではさまざまな実践の記録を読み解くことを通して、次の点を明らかにしたいと思う。

　・園での子どもの遊びをどう理解するか
　・子どもが遊びのなかで育つということをどうとらえ、どう保育を構想することが
　　可能なのか

　第1章ではエピソード記録を中心にしながら、園における遊びをどう理解するかを考える。「遊びの充実」という言葉ひとつをとっても、それぞれの保育者のイメージする具体像は決して同じではない。どのような状態のときに遊びはとても楽しそうに続くのか。そして「遊びが充実」することによって何が育つのか。それが明らかでなければ保育者の援助の可能性と必要性を考えることはできないだろう。

　第2章ではさまざまな保育記録を紹介し、記録と計画の関係を考えたい。日の反省記録は翌日の保育を構想するベースである。にもかかわらず子どもの記録や反省記録を残していない保育者は少なくない。保育の当事者として担任しているクラスの記録をどう残すことが次の日の保育に生きるのかを具体例をあげて考える。

　第3章では長期にわたる週案をもとに子どもと保育者が共につくりだす保育について、とくに、遊びと行事とのつながりを取り上げて述べる。日々の生活と節目としての行事とがうまく連動することによって「集団のなかで個が育つ」ことを実感するが、その一連の流れについて明らかにしたい。

　第4章では改めて保育者の役割に焦点化し、まとめとする。

　実践者にも保育を学ぶ学生にも、できるだけ生の記録に触れてほしいと考えたために、たくさんの保育記録を載せることになった。それぞれの立場の人が、私が解釈したことを超えて、多くのことを記録から読み解いてくださることに期待する。

　2020年3月

著　者

もくじ

第 2 章 保育記録から生まれる指導計画

第3章　子どもと保育者が織りなす生活

Ⅰ 育ち合う子どもと保育者 …… 96

1．「育ち」のイメージと保育の方向 …… 96

2．卒園間近の子どもの育ち …… 98
(1) ある日の記録を起点として …… 99
　①クラスとしての心情的なつながりを基盤にして活動に取り組む力の育ちについて … 100
　②クラスで共通の目当てに向けて、
　　グループの友だちとの活動に主体的に取り組む力の育ちについて …… 101
　③1日の生活に自分なりの見通しをもち主体的に生活を進める力の育ちについて …… 104
(2) 5領域のねらいとの関連 …… 107

3．1日の生活の組み立て …… 110
(1) 時間の配分 …… 110
(2)「好きな遊び」の組み立ての重層性 …… 112
(3)「好きな遊び」と「クラス全体の活動」の連動 …… 114
(4) 生活にかかわる活動 …… 115

Ⅱ 行事のとらえ方と指導 …… 116

1．行事の意味と課題 …… 116
(1) 園における行事の意味 …… 116
(2) 行事のいろいろ …… 120

2．運動会の取り組みを通して …… 121
(1) 運動会の意味 ──保護者との関係を視点にして── …… 121
(2) 一人一人にとっての運動会の意味を考え直す …… 122
(3) 日常の生活と運動会の具体的活動をどうつなぐか …… 125
　①生活の自然の流れの延長線上にある行事とは …… 125
　②子どもが主体的に楽しく活動できるための保育者の働きかけとは …… 126
　③生活に変化や潤いが与えられる行事とは …… 126

3．生活発表会の取り組みを通して …… 130
(1) 生活発表会の意味 …… 130
(2) 生活発表会の指導における問題 …… 131

第 1 章

園における子どもの遊びと保育者

I 遊びを中心とした保育とは

1.「自由保育」と「一斉保育」

　本書のタイトルは『遊びを中心とした保育』だが、読者のみなさんのなかには「遊びを中心とした保育」というのは「自由遊び」の時間がたっぷりある「自由保育」のことだと思われる方もいらっしゃるだろう。遊びというのは自由なもので、遊びを大切にしている園のことを一般的に「自由保育の幼稚園（保育所、こども園）」というからである。しかし本書では、この2つの語を同意味にとらえていない。

　「自由保育」というのは、一般的に使われている語であるのにもかかわらず、定義はあいまいで、人によってイメージする具体像は異なる。「遊びを中心とした保育」を「自由保育」と言い換えることに対する違和感は、次のように「一斉保育」と対比して使われるときにとくに強く感じる。

　「自由保育」「一斉保育」という用語は一般社会にもかなり浸透していて、親が入園を控えたわが子の幼稚園を探すときにも「自由保育の幼稚園にしようか」「一斉保育の幼稚園にしようか」というのが1つの指標になっている。保育者を目指す学生も「私は自由保育の園に就職したい」とか「実習先の幼稚園は一斉保育だった」と言ったりする。保護者のなかには「自由保育」の園では子どもは自由に何でもさせてもらえてよいが、興味・関心が偏らないか、とか、しつけは十分できるのか、といった懸念を抱く人もいる。一方の「一斉保育」に対しては集団行動がとれるようになるので小学校に行ってから安心だが、「はみだす」と厳しく叱られるのではといった不安を抱く人もいる。

　ある保育者対象の研究大会の分科会でのこと、その分科会のテーマは「保育を豊かにするティーム保育」ということで、まず初めに2つの幼稚園の実践報告が行われた。2園の実践とも興味深いものだった。子どもの生活が充実するように先生方が協力しながら保育をしている様子が生き生きと報告された。おもしろかったのは初めに報告した園の保育者は「私の園は自由保育です」という言葉で話しはじめ、2番目の保育者は「わが園は一斉保育中心の園です」とおっしゃったことだ。明らかに、保育者たちのなかには、自分たちはタイプの違う園であるという認識があった。では、本当に違うのだろうか。

　前者の保育者の実践報告は、子どもが好きな遊びに取り組むときに保育室にいるクラス担任と園庭にいるフリーの保育者がどう連携をとって子どもの遊びを読み取るか、というものであった。後者の報告はクラス全体の運動的な遊びの時間に、活動を進めるリーダーの保育者とそれを補助するサブリーダーの保育者がどう連携をとるかというもので、ご本人たちがおっしゃったとおり、両者の保育は形態としての差異が際立つものだった。しかし、保育の形態は異なっているにしても、ある１人の子どもが自分のやりたいことを実現していくために、保育者はどう協力・援助していけばよいか、という視点から見れば共通している点もあった。しかし、当事者である両保育者にはその意識が薄かった。保育者自身が「自由」「一斉」という形態に縛られ、子どもにとって何が大切かという視点がどちらにも欠けているように感じた。

　表１はいわゆる「自由保育」「一斉保育」といわれている園の平均的な１日の流れの例である。

　A園はいわゆる「自由保育」といわれている園で、B園は「一斉保育」といわれている園の平均的な１日の流れを示したものである。両者の生活の様相があまりに異なるので驚かれるだろう。

　A園は子どもが自由に遊びを選択する時間が多く保障されていて、クラス全員が集まって活動に取り組むのは昼食の前と降園の前の短い時間である。B園の場合は通園バスで園児が通園してくるために全員が集まるまでに時間差がある。そこで全員が集まるまでは自由に遊ぶが、全員が登園するとクラス全体の活動がはじまる。最後のバスが園に戻ってくるのが10時少し前、最初のバスの子どもは１時間以上遊ぶことができるが、最後の子どもは到着して園服から体操着に着替えたらすぐにクラスの活動に参加することになる。全員が登園してからは昼食までの時間がいわゆる「一斉活動」である。

〈表１〉　「自由保育」と「一斉保育」の幼稚園の１日の流れ例

A園		B園	
8：40	登園・遊び	8：30	バス登園してきた幼児から体操着に着替えて自由遊び
11：00	片づけ・クラス全体の活動	10：00	クラスの活動（英会話・体操等）
12：00	昼食 昼食が終わった幼児から遊び	12：00	昼食（水・木は給食）
13：15	片づけ	13：00	鼓笛指導
13：30	クラス全体の活動	13：50	順次、バス降園
14：00	降園	14：00 ～ 18：00	希望者は預かり保育（ピアノ教室・英会話・サッカー・体操クラブ等の外部団体主催の幼児教室）
～	希望者は預かり保育		

　日本の幼稚園の現状ではすでに保育形態の特徴によって「自由保育」か「一斉保育」かという分類が定着しており、この用語と用語のもつイメージを払拭（ふっしょく）することはむずかしい。しかし、この2つの括（くく）りで幼稚園を大別することに危険はないだろうか。先の研究大会の例でも見られたように、形態が異なっていても、大切にしている点は共通であることもある。形態の特徴によって、本来は子どもにとってふさわしい生活とは何か、という視点で保育のあり方は論じられるべきである。その後に、そのときどきにどのような保育形態が望ましいかを考えるべきであろう。

　子どもにとってふさわしい生活としてもっとも重要なことは、子どもの能動性が尊重されているかということである。保育の形態が自由であっても自発性が引き出されないような自由では望ましくないし、一斉の保育であっても子どもの自発性は大事にされなければならない。

　「一斉保育」とは「保育者が中心になって進め、ひと学級の幼児に同一の活動を行わせる統制的な保育形態」[1]であると定義づけられているが、「保育場面において、幼児一人ひとりを理解し、その要求や自発性、創造性を重視し、幼児との心理的結合が実現されて、幼児たちにも連帯感が形成されている場合と、保育者の意図により、一方的に一斉の活動をさせ、幼児の自発性が無視されている場合とでは、一斉保育の意味が全く異なるものである」[2]といわれている。前者のような一斉保育が行われれば、子どもたちはそこで経験したことから次なる遊びへの動機を高め、自発性を発揮させることになる。一方の「自由保育」においてもまったく子どもの自由に任せて生活が展開されるような「自由」だとしたら、子どもは実際には、遊びに必要な経験

1）牧 昌見・池沢正夫編『学校用語辞典』ぎょうせい、1985、p.25
2）同上

を積み重ねることができないだろう。子どもは遊びのなかで壁にぶつかって前に進めなかったり、不自由を感じたりすることもあり、保育者の適時的な指導はかならず必要なのである。

「遊びを中心とした保育」とは、単に「自由」か「一斉」か、といったような保育方法や保育形態で分けた場合の「自由」な保育のことを指すのではない。子どもの発達に即した保育を目指す理念であるととらえたい。子どもにとってどんな経験が必要かということを第一に考える保育のことである。

そこでは子どもが生み出す自発的な活動はもちろん第一に大切にされ、それを保障する時間が十分に確保される。そしてまた同時に必要な経験を積み重ねていくために、そして自己充実感を高めるために、必要に応じてクラスやグループで取り組む一斉的な活動も柔軟に取り入れられるのである。

遊びを中心とした保育とは、単に子どもに自由に遊ぶ時間を与える保育ではない。保育者からの適切な援助を受けながら、自発的活動としての遊びを中心にした生活のなかで、子どもが必要な経験を積み重ねていくことができる保育である。本書では、遊びを中心とした保育をこのようにとらえる。

2．子どもにとって園における遊びとは

遊びを中心とした保育の核となるのは、遊んでいるかどうかではなく、子どもがどのように遊んでいるかである。まず、子どもは家庭から社会生活の場である園に入ってきて、どう遊ぶのだろうか。入園当初の子どもの姿から、どう遊びはじめるのかを見ることを通して、園のなかの遊びの特徴を明らかにしてみよう。

子どもはその場が安心できる場であることがわかると、周囲の環境に興味・関心をもち、自発的に動きはじめる。また逆に、動きはじめることによって自分の気に入ったものに出会い、安心感を高めていく。子どもたちは入園前、家庭や近くの公園で「遊ぶ」という経験をしてきたはずであるが、園というはじめての環境のなかで多かれ少なかれ戸惑いを感じているようだ。それには幼稚園や保育所などがもつ「状況」がかかわっている。園という状況とは、ある一定時間保護者から離れ、同世代の子どもがたくさん同じ場に存在する、というものである。そこで子どもは今までの家庭での遊びと異なる感触を得て、異なる経験をする。

入園間もない子どもが、園という新しい環境でどのように遊びはじめるのか、4月当初の保育の反省記録から読み取ってみよう。

入園式の翌日、保育者は子どもが自分の好きな遊びを見つけて少しでも安定してい

られることを願い、家庭で見慣れた玩具や遊具（ままごと・ミニカー・小さい積み木・絵本・折り紙等）を設定しておいた。ただ用意するだけでなく、環境が子どもの興味を誘発するように「遊びかけ」の状態にしておいた。「遊びかけ」の状態とは、たとえば、ままごとコーナーならば、お皿やコップが棚にしまってあるのではなく、テーブルの上に少し並べられていて、お皿の上にはごちそうが置かれている。場になじみがない子どもは緊張しているうえに勝手がわからず、棚から皿を出すことができない場合がある。しかし遊びかけの状態にしておくと、日ごろやっているままごとの行為がイメージできて、スムーズにままごとコーナーに入っていくことができる。入園間もない時期の保育室環境として適切だと考えられている。

　また、壁面にはいくつも窓がある大きな家をつくって貼り、その家の窓を開けると、なかからいろいろな動物が顔を出すように仕掛けておいた。これは子どもの楽しみを増やすためである。

記録1-1

4／10（入園1日目）

・まだどの子どもも不安定で、1つの遊びに10分くらいかかわるとすぐに別の遊びに移る姿が多い。仕方がないことか。

・保育所から転園してきたアカネは粘土、絵の具がやりたいと言う。過去の経験を再現することで安定しようとしているのか。しかし、絵の具を入園式の翌日に出すことはむずかしい。一人一人がそれぞれのやり方で安定しようとしている。

・降園前に全員が集まったとき、壁面の家の窓を1つ開ける。なかからウサギ（のペープサート）が出てきてみんな大喜び。明日へのつながりができて降園する。

4／12（入園3日目）

・持ち物をしまう場所がわかってきているので、登園すると入り口にかたまってぼうっとしているという子どもが少なくなっている。すぐにロッカーに行って持ち物の始末をしたあと、自分なりに気に入った遊びに取り組む。（リュウスケはままごと、ケイタロウは電車、女児の多くは絵、等）

・保育者がままごとの場で差し出されたごはんを「おいしい」と食べるまねをすると、別の遊びをしていた子どももやってくる、という具合に保育者の声に反応する。

4／15（入園6日目）

・今日はだいぶ様子が違い、落ち着いてきたと感じる。

・ミチハル、ヒロキ、コウジ、ソウタ、ヨシヒロ、それぞれが一人一人の積み木で飛行機らしきものをつくる。ヨシヒロは他の4人に背を向けていたが、刺激を受けてつくったことは間違いない。「積み木がない」「あの子が取った」と保育者に訴えてくるが、いつの間にかコウジとミチハルは1つの飛行機にのっている。偶発的なふれあいから生まれたかかわりだろう。

・ヤスアキは園庭から戻ると、積み木をけ散らかして歩くので、ミニカーを積み木の上で走らせてみるとまねをする。カズキはその様子を見ていて、積み木の板を私のところにもってくる。「つなげてほしい」と自分なりのイメージを保育者に対して発揮。

・カズキは「園服を脱いでいらっしゃい」と言うと、脱ぎに行ったきりその場の遊具で遊びはじめる。

　この記録から、たった6日の間に子どもたちが大きく変容していることが読み取れる。もちろん、子どもというのはこのペースで直線的に成長していくわけではなく、しばらくすると不安定になる子どもがいたり、友だちとかかわりはじめると最初とは異なる不安感をもったりし、行きつ戻りつしながら園生活になじんでいく。けれども、たった6日の間にその場になじもうとする子どもの柔軟さに驚かされる。

　子どもたちは初日には用意された環境にとりあえずかかわることで安定を図ろうとしているが、その遊びのおもしろさを感じるゆとりは見られず、「1つの遊びに10分くらいかかわるとすぐに別の遊びに移る」姿が見られる。家庭では親が手伝ってくれていた持ち物の始末を自分の力でやることや、同世代の友だちとのはじめての生活など、家庭とは異なる環境への戸惑いは大人の想像を超えたものがあるのだろう。なかには環境の大きな変化に親から離れるのがいやで泣いている子どももいる。保育者は子どもがいろいろな場にすぐに取り組めるように環境を構成しつつ、翌日の登園に期待がもてるような配慮も忘れない。たとえば、遊んだ道具を片づけながら、「また、明日もこの遊びの続きをしようね」と声をかける。降園の前にクラス全員を集めて楽しいお話をすることで、担任への親しみをもたせる。そして、そのときに壁面につくっておいた大きな家の窓を1つ開け、なかから出てきたウサギのペープサートを使って話し、「明日は誰が次の窓から出てくるかな」と翌日に期待をもたせる。

　このような細かい配慮や環境構成によって、園に対する楽しみが大きくなり、子どもたちは親から離れる不安を乗り越えようとする。

　3日目には、ほとんどの子どもが自分の靴箱やロッカーの場所を覚えている。このことが1つの安定感となり、園というところは自分の好きなことに取り組んでよく、また先生のまわりに集まると楽しいことが行われるところなのだということに気づきはじめ、積極的に環境にかかわりはじめる。しかし、まだ1つの遊びに集中することはできず、保育者が安定の拠り所になっている。

　保育者とのつながりを核としながら周囲の様子はよく見ているらしく、6日目には友だちのまねをして、今まで取り組んだことがないような遊びに取り組んでみたり、今まで知らなかった他者と偶発的に同じ場で遊ぶ経験をしたりするのである。

　園に対する期待や安心感は自発的行動を促し、保育者からその行動が許容され認められることでさらに安定感を増していく様子がわかる。保育者は子どもの様子を注意深く見つめながら、安心して自分から動き出せるような環境を設定している。ただ子どもが遊びはじめるのをじっと待っているわけではない。子どもが自分から動き出せるような環境の構成を意図的に行っているのである。すなわち、園における子どもの遊びは、保育者との相互作用のなかで展開するのである。

　この点が家庭での遊びや友だちの家での遊び、あるいは休日の公園での遊びなどと、集団の生活の場である園における遊びと異なる点である。

　保育のなかの遊びの特性をまとめてみよう。

・ある一定時間（保育時間・保育年限）、ある一定の限定された場（幼稚園・保育所・こども園などの保育施設及びその周辺の環境）で展開される遊びは、子ども自身が意識しているか否かは別にして、周囲の同年代の子どもの言動に影響を受けながら展開する。

・そこには保育者が存在し、子どもの姿に応じて、自発的活動としての遊びが充実するように援助する役割を担う。

　以上のように、子どもにとって園における遊びとは、子どもと保育者の相互作用によって展開されるものだといえる。それゆえに、保育者は「遊びの指導はむずかしい」と思うのである。自発的活動を促すことを目的に働きかけたことによって、逆に子どもの主体性の芽を摘まないか、あるいは子どもの主体性を見守るつもりで、遊びへの適切な援助を欠かないか、自分のかかわりが及ぼす影響を自覚すればするほど「遊びの援助はむずかしい」と思うのである。

　次項では、子どもの主体性に焦点を合わせ、保育者と子どもの相互作用について考えてみたい。

3. 子どもの主体性を育てるとは

　先に述べたように、子どもは精神的に安定すると環境に主体的にかかわって遊びを生み出すようになる。そして、次第に遊びのなかでさまざまな課題を乗り越えていくようになる。どこで誰と遊ぶか、遊びに必要なものは何か、どのようなモノを取り込むか等、豊かな遊びのなかで子どもは多くの自己決定の機会に出会い、実現する喜びを味わう。これはまさに、これからの時代を生き抜くのに必要な資質・能力を身につけていくプロセスといえよう。

　これからの時代に必要な資質・能力は「21世紀型スキル」と呼ばれている。これはグローバル社会を生き抜くために必要な能力を表す言葉で、具体的には、批判的思考力、協調的問題解決能力、コミュニケーション力、情報リテラシーなどが含まれる。これまでわが国の教育が目指してきた「生きる力」の育成に、現代的課題を付加したものと考えてよい。

　「教授-学習」形態中心の、知識や技能を個々人の中に蓄積するような教育のあり方では、このような資質・能力を育むことはできない。これからは、子どもたちが能動的に問題に向き合い、他者と協働しながら、その都度の最適解を求めて協調的に問題を解決していくような学び方が求められていくこととなった。何より重視されるの

は学び手である子どもたちの主体性であり、これからの教育は、子どもたちのなかに「主体的で対話的な深い学び」が積み重なっていくことを目指している。

　では人格の基礎を培う乳幼児期には何を大切にするべきだろうか。第1に身近な大人からの深い愛情のもとで情緒の安定と他者への信頼感を獲得することであろう。そして、それをベースに興味関心をもったモノやことに自らかかわっていく喜びを味わうことである。そのために、2017（平成29）年に改訂された幼稚園教育要領、保育所保育指針、及び幼保連携型認定こども園教育・保育要領では、足並みをそろえ、引き続き「遊びは乳幼児期の重要な学習」であることが押さえられた。遊びは幼児が主体的に環境にかかわることによって生み出されるものであり、まさに学び手の能動性に支えられるアクティブラーニングだからである。

（1）子どもの主体性とは

　小川博久は遊びを次のように定義している[3]。

①自発性……遊びは遊び手が自ら進んで取り組む活動

②自己完結性……遊び手が他の目的をなしとげるために遊ぶのではなく、遊ぶことそれ自体が目的で行われる活動

③自己報酬性……その活動の中に苦しみや緊張を伴うことがあったとしても、最終的には、楽しいとか喜びの感情を伴う活動

　小川は、第1に、遊びの定義として「自発性」をあげている。遊びの自発性は遊びが遊びとしてあることの根源である。しかし、ただ子どもの遊ぶに任せているだけで遊べるようになるわけではない。子どもの遊びが放置されていたのでは発達に必要な経験は積み重ねられない。

　保育者なら誰でも「主体的に遊ぶ子どもを育てたい」と思う。しかし「子どもの主体性を尊重する」という名のもとにほとんど放任のような保育に出会うと、主体性を尊重することと、その遊びが充実するための意図的な環境構成との接点のむずかしさを感じる。もちろん子どもが精神的に自由な状態であることは「主体性」を発揮するための第1条件である。しかし、「子どもの主体性を尊重する」とは、保育者が何も援助しなくてよいという意味ではない。

　放任された子どもは遊びのなかで何らかの壁にぶつかったときに、適時的な援助を受けられないため、その壁を乗り越えられず主体的でない状態に陥るときがある。ただ自由にさせておけば主体性が育つわけではない。もちろん保育者が子どもの行動の

3）小川博久『4～5歳児の遊びが育つ─遊びの魅力』フレーベル館、1990、p.14から抜粋

レールを敷いてしまったのでは主体性は育たない。「子どもの主体性」と「保育者の援助」という一見矛盾し、その接点を見出すことがむずかしい問題について考えたい。

事例1-1

2年保育 5歳児9月

　　T男は自分から動こうとすることが少なく、その様子は担任には「主体的でない」ように見えた。年長も2学期になると他の子どもは積み木で大きな基地をつくったり、リレーに誘い合ったりし、ますますT男との開きは大きくなるように見えた。

　　運動会が近づいたある日、たくさんの金魚を園に寄贈してくださった方がいた。T男はその日から水槽の前にイスを置き、飽きずにその様子を見るようになった。クラスの友だちが、近づく運動会に向けて戸外でリレーをしていてもT男は園庭に出てこない。

　　担任は何とかみんなの活動にも興味をもたせたいと考えリレーに誘ったところ、一応参加したがすぐにやめてしまった。担任は彼の関心がリレーにないことがわかり、ある1日T男の関心につきあってみることにした。

　　T男のそばにイスを置き、同じ方向を見つめているとT男は自分から「あの金魚はね、尻尾が切れているんだよ」「ときどき空気を吸いに上がってくるよ」などと話しかけてきた。T男の観察は意外に鋭く担任が驚くほど細かいことを生き生きと語る。思えばT男の関心にこんなにじっくりつきあったのははじめてのことだった。

　　しばらくして担任はこの関心事を中心にT男が動き出さないかと考え、迷いながらも紙とクレヨンをもってきた。すると彼はもっと大きな紙を要求し30分以上かけて水槽の生き物を画面いっぱいに描いたのである。

　　1つのことにこれほど集中して取り組む彼に出会ったのもはじめてだった。

　このように子どもが興味をもった事柄に対して示す主体的な態度には目をみはるものがある。「おもしろいな」「次はどうなるのかな」という思いが次の行動の目当てを生む。子どもの内からの欲求によって行動が起きる状態、つまり自己課題をもって遊びに取り組む状態のとき、子どもは実に「主体的」に行動する。

　ではなぜ保育者は子どもの自己課題の所在を見出せなかったり、見失ったりしてしまうのだろうか。この事例において考えられる大きな要因は、他児との比較や集団の育ちとの兼ね合いで、保育者が内心で「焦り」を感じていた点にある。「年長にもなって」とか「運動会も近いのに」というように、一般的な発達の尺度のみで子どもを評価したり、行事などが近づき、保育者がやらせたい活動を前面に押し出したりする

とき、個々人の自己課題は見えにくくなる。どんな状況のときであれ、そのときの子どもが何に興味をもち、自己課題を内在させているのかを子どもの姿から読み取り、そのうえでどのような援助が可能かを考えるべきなのである。

　T男の例でいえば、彼の水生生物にかかわる主体的な動きを肯定せずして、彼の自己課題の拡大や主体性の広がりを求めることは不可能なのである。

　T男へのかかわりは1つの発見を担任にもたらした。子どもの気持ちに寄り添うことで、子どもの自己課題は掘り起こされ、主体的な行動を生み出す。しかし、金魚への興味が十分に満たされたあと、T男はどうするだろうか。いつまでも金魚の絵を描いていることはないだろう。年長にもなれば他の子どもの運動会に向けての動きも目のすみには入っており、T男なりにクラスの活動の方向も気になっているはずである。保育者は、T男にもっとクラスの友だちとかかわりをもってほしいという願いももっている。

　1つの興味が十分に満たされたとき、興味は次に移るし、新しい何かに取り組もうとするのが子どもである。そのとき保育者の援助が必要になるのである。この時点で適時的な援助がないと、子ども自身では遊びをどのように変化させていってよいかわからず、同じようなことを繰り返すようになる。一見、その遊びが好きで繰り返し取り組んでいるように見えながら、実は、遊びが停滞したままマンネリ化しているということもある。遊びは子どもが自ら選んで行うものだが、本当にそれがやりたくて取り組む場合もあれば、それしかやることがないから取り組む場合もある。子どもの自由といって放っておいたのでは子どもの主体性は育たない。常に保育者による理解と援助との関係のなかで子どもの主体性は育つのである（第2章で詳しく述べる）。

> 　2日後、保育者は再びT男と金魚をじっくりと見たあと「一緒にリレーしてみない？」と誘った。するとT男は「ぼく、足遅いから」と乗り気ではない。保育者が「じゃあ、秘密練習しよう」と言うと、顔を上げ「うん」と答える。保育者とT男は屋上へ行って、2人で「イチニ、イチニ」と言いながら走った。他児が「何してるの？」と聞くが、保育者とT男は「秘密、秘密」と言って笑い合った。

　T男のリレーへの参加をためらわせていたのは、走ることへの自信のなさだったようだ。やりたくなかったわけではない。誰かの支えがあると、T男は自分の足で踏み出し、自分の世界を広げることができる。この日、その気持ちを受け止めた保育者の「秘密練習」という言葉はT男の大きな支えになった。子どもが主体的に行動するようになるためには、子どもの内面を理解することが大切なのである。

（2）主体性を育む保育者の姿勢

　先の事例で保育者は「運動会に向けての活動にクラス全体で取り組むようになってもらいたい」という願いをもっていながら、それをＴ男にダイレクトにぶつけるようなことはしなかった。まずＴ男の心を理解しようとした。この姿勢は対個人のときばかりでなく、遊び全体へのまなざしとしても必要である。ここではどう遊びを理解して願い（ねらい）に向けて援助すればよいのかを考えたい。

　言うまでもなく活動の主体者は子どもである。繰り返しになるが、だからといって保育者は何もせずに見守っていればよいというわけではない。「ただ遊ばせておく」のではなく、子どもの姿を見つめながら子どもが発達に必要な経験を積み重ねていけるよう、意図的計画的に環境を構成し、また再構成しなければならない。遊びを中心とした生活を通して子どもを育てるためには、子どもの主体性と保育者の計画性のよい関係が求められるのである。

事例1-2

3年保育 5歳児7月

　男児6人がホールで大型積み木を組み合わせ「サウナ」（積み木のなかが暑かったためか）と称して2階建ての場をつくった。片づけの時間になったが場を残したいと言う。担任は共通の目的に向けて力を合わせる姿を評価し、その気持ちに同意した。

　翌日、登園した順に残しておいた積み木の場に集まる。しかし、なかではテレビアニメの話をしたり、積み木から飛び降りたりしていて、「サウナ」のイメージで動いている子どもはいない。「ここは何の場所か」と個別に聞いてみると、「サウナ」と前日のイメージを保持している子どももいれば、「砂漠」と答える子どももいた。また、「わからない」という子どももおり、共通した目的に向かうという姿は見られなかった。

　その日も担任が片づけを知らせに行くと「サウナを今日も残しておきたい」と主張した。担任は、遊びが持続しているととらえ、場を残すことに同意した。子どもたちは「こわさないでください」と張り紙をして降園していった。

　このクラスの週のねらいと内容は以下である。

・ねらい「友だちと考えを出し合い、楽しみながら遊びを進める」
・内　容「遊びが楽しくなるよう、自分の考えを出したり、相手の思いを聞いたりする」

　この日の子どもたちの動きは、積み木から飛び降りる、走りまわるなど単発的で、場に対するイメージも共通ではなかったように思う。ねらいとしていた「考えを出し合う」姿はあまり見られず、「暑くて狭い場所に仲のよい友だちといる」ことがおもしろいように見えた。ねらいに照らし合わせると、友だちと考えを出し合うほど、遊びのイメージは明確ではなかった。この状態で場を残しておくことの意味はあったのだろうか。しかも、この日は金曜日だった。2日間休んで、翌週に登園してきたとき、残しておいた場に対して子どもたちは意味を見出すことができるだろうか。積み木を片づけて帰ったと仮定しよう。おそらく週明けの子どもたちは、前の週に仲よしのメンバーでかたまって遊んだおもしろさが心に残っていればすぐに集まって積み木で何かをつくりはじめるだろう。そのつくる過程で遊びのイメージは明確になり、共有されていくだろう。そのほうが「ねらい」に近い経験ができたのではないだろうか。

　子どもは遊びの場を残しておきたいということがよくある。遊びの内容や時期によっては、残しておくことで遊びのイメージが持続し、継続して遊ぶ喜びを味わう経験となることもある。とくに新しく人間関係が形成される途上では場やイメージが関係をつなぐ要素となり、場を残すことは大きな意味をもつことがある。しかし、いつも意味があるとは限らない。このケースの場合、むしろいったん片づけて、新たにつくり直したほうが、ねらいに沿った環境構成といえたのではないだろうか。

　子どもの要求をすべて受け止めることは（ここでは場を残しておきたいというもの）、かならずしも主体性を尊重することにならない。次に必要な経験のために意図的に働きかけること（この場合はたとえば「片づけようよ。次はもっとすてきなものができるよ」）が、子どもの主体性を引き出すこともある。子どもの主体性とはモノや人との相互の交渉を通して触発され、発展していくものなのである。

　しかし、一方で、保育者の働きかけが強すぎると、保育者主導の遊びの展開となり、子どもの主体性は損なわれる。この事例のように、子どもの遊びにかかわろうとするとき、子どもの主体性と保育者の計画性をどう交差させて援助の手だてを考えるかは、容易なことではなく迷うことが多い。保育者は「こういうときはこうすればいい」というようなかかわり方を身につけるのではなく、子どもをどう読み取り、自分という存在との相互関係のなかで、どう援助することが可能なのかを考えるプロセスを大切にしたい。

　保育者の援助は子どもの育ちの延長線上に位置づくものでなければならない。よって、すべての保育行為は子どもを理解するところからはじまるのである。以下の4点のように、理解と行為の循環のなかで、保育を展開していくような思考プロセスが求められているのである。

①子どもたちは遊びの何に（人・モノ・こと等）おもしろさを感じているのか、内的動機を読み取る。

②そこでモノや他者とどのような関係を結んでいるのかを理解し、次の経験に向けて課題があるかどうかを読み取る。

③課題を乗り越えるのに必要な経験は何かを長期的展望のなかで導き出す。

④それに基づき、具体的な援助としての環境を構成する。

⑤①〜④を常に実践のなかで省察し、実践に戻していく。

　この事例でいえば、

①仲のよい友だちと場をつくり、そこでかたまって遊ぶことがおもしろい。

②遊びのイメージがあいまいになってきたときに、新しいイメージをつくりだし共有していく力が弱い。

③考えを出し合うという経験を大切にする。

④考えを出し合い、遊びを展開していく状況が生まれるようにする。

⑤たとえば、片づけることを提案し、週明けから再び場をつくり直すことを通して、友だちとイメージを出し合って遊ぶおもしろさに気づかせていく。

ということになるだろう。あくまでもベースになるのは、子どもの姿の理解である。子どもの主体性を育みたい、自発的活動である遊びを充実させたいと願うなら、第1に子どもたちの内的動機を理解する必要がある。

II 子どもの遊びを理解する

　すべての保育行為は子どもを理解することからはじまる。このことは保育者なら誰もがわかっていることである。では、どう理解すればよいのだろうか。理解すべき事柄が多すぎて、不十分にならざるを得ないという悩みを多くの保育者は抱えている。前節の事例1-1のT男のようにある特定の子どもと向き合う場面では、関係もつくりやすいし、理解もしやすい。しかし、多くの遊びは、複数の子どもが集まって展開される。したがって、事例1-2のサウナごっこに見られたように遊びを理解することは容易ではない。遊びの援助を考える場合には、一人一人の理解だけなく、その遊びがどのような動機で支えられているのかを見る必要がある。つまり「遊びを理解する」という視点が求められる。本節では、「遊びを理解する」ことについて考えていきたい。

1．遊びの充実をどうとらえるか

（1）なぜ「遊びの充実」か

　子どもは遊びのなかでさまざまな経験を積み重ね、遊びのなかで学ぶといわれている。言い換えれば、豊かな経験（豊かな学び）を子どもたちに積み重ねさせたいと思うなら、遊びの質が大切になる。子どもが「おもしろい」と心から思えるような遊びが子どもを育てる。ところが実際には、いかにも楽しそうで長く続く遊びもあれば、前節のサウナごっこのように、遊んではいるが本当にそれがしたいと思っているのか疑わしい遊びもある。1人の子どもの遊ぶ様子を追っていても、遊びに集中しているときもあれば、遊びが見つからずブラブラしているように見えるときもある。はじめのうちはおもしろそうだった遊びでも、次第につまらなくなり、そのままマンネリ化している遊びもある。個人の内的な動機の変化や他者とのかかわりを通して、遊びの様相は流動的で変化していく。常に「盛り上がっている」という状態を維持することはできない。けれどもそこから子どもたちは次の遊びを生み出す。

　遊びがつまらなくなったときにどう次の遊びを生み出すか、ということも子どもの生きる力を育むために必要であるし、遊びをよりおもしろくしていこうとすることも

子どもにさまざまな力を育む。遊びは興味関心が高まって「盛り上がる」状態と、興味関心が薄れたり何らかの課題を乗り越えられなかったりして「停滞する」という状況を繰り返しながら展開していくのである。

　このような流動性を含みながらも、子どもに充実感をもたらすものでなければ、主体性を育むことにはならない。では、充実した遊びとはどのような遊びだろうか。

　平成元年の幼稚園教育要領の改訂は、それまでの幼稚園教育の考え方を大幅に変え、幼児期の発達の特性を踏まえた教育の方向を打ち出した。基本の1つとしてあげられたのが「遊びを中心とした総合的な学習」である。この方向はその後の改訂でも堅持され、直近の改訂（平成29年）においても継承されている。では日本の子どもは遊びのなかで、総合的に学ぶことができているだろうか。保育者は学びが保障される遊びを育てているだろうか。改訂の成果をどう評価するかということになるとむずかしいものがある。文部科学省は小学校以上の学習指導要領の改訂の成果を児童・生徒の全国レベルでの学力テストを通して判断しようとする。しかし、幼児教育の場合、小学校以上の学校教育が行っているような学力テスト中心の評価方法は適切ではない。遊びを中心とした生活を通して、義務教育において必要とされる資質・能力の基礎を培うのが幼児教育の目的である。それは数値化して成果を評価することができるような性質のものではないし、花が咲くように短期間のうちに成果が目に見えるものではない「目に見えない教育」といってよいだろう。

　遊びの充実の様子とそれによって育まれる子どもの育ちの関係については、保育者が日々、子どもの姿から何が育っているのかを読み取り、保育にフィードバックしていくほかはないのである。

（2）充実している遊びの様態

　子どもの遊びが充実しているか否かを測る客観的な基準のようなものはない。遊びの持続時間1つをとっても3歳児と5歳児では違いがあるし、遊びの種類によっても異なる。客観的な数値で充実度を表すことはできない。その子どもにとって必要な経験が満たされるような遊びが充実した遊びと考えられる。

　しかしながら、子どもが発達に必要な経験を満たすような遊びを展開しているとき、結果として次のような共通した様態が見られる。

　①一つの遊び（テーマ）に、ある一定期間継続して取り組み、集中している。

　②（遊びに取り組んでいる）子ども一人一人が遊びのイメージをしっかりもっている。

　③個々の子どもが自分のイメージを遊びのなかで発揮し、遊びに必要なモノや場をつくるために身近な環境に主体的に働きかけている。

④モノや空間の見立ておよび言葉を通して、他児とイメージを共有しながら遊びを展開している。

　子どもの遊びをよく見てみよう。遊びが充実するということはどういうことか。充実した遊びとそうでない遊びの違いはどこにあるのか。そこが明らかになれば、援助のポイントが見えてくるはずである。次項では、実際の遊びの記録から「充実した遊び」に見られる要素を探りたいと思う。

2．子どもの遊びの特徴

（1）子どもはモノとかかわることで状況を生み出しながら遊ぶ

　次にあげる事例1-3は、筆者が観察していた「海ごっこ」の事例だが、子どもたちはとても楽しそうで、集中して遊んでいた。何がおもしろかったのだろうか。どのような特徴がそこにあったのだろうか。

事例1-3

2年保育 4歳児7月

　その日、プールに入るには肌寒かったが、子どもたちの気持ちは水遊びに向けて高まっており、「水泳ごっこがしたい」と言って水着に着替える。ユキナとメグミは浮き輪をつくりたいと言い、保育者は新聞紙を子どもの身体が入るくらいのドーナツ状に丸めて、浮き輪の原型をつくってやる。保育室前の廊下の壁面は海のなかの様子を構成したものになっている。

　ユキナとメグミは浮き輪をつくる①と、それをつけて泳ぐ②。メグミは「本当の海みたい」と言っており、海で泳ぐイメージをもっていることがわかる。それから2人は泳いでいるうちに、今度は水中メガネがほしくなり、保育室の製作コーナーに戻って水中メガネをつくる③。先に水中メガネをつくっていたマイから刺激も受けていただろうと思う。メガネづくりではサトミも動きが同調し、メグミとサトミは2人して海に戻り、泳ぐ④。過去の体験からか、泳いでいるうちに「休む」というイメージがメグミのなかに生まれ、サトミに「お休みしない？」と言って、近くの巧技台を海の家に見立て休む⑤。そこへおやつをつくっていた⑥ユキナが合流して、「海の家でおやつを食べる」という動きが生まれる⑦。

　　　　　　　　　（①～⑦の番号は、次の〈記録1-2〉に対応）

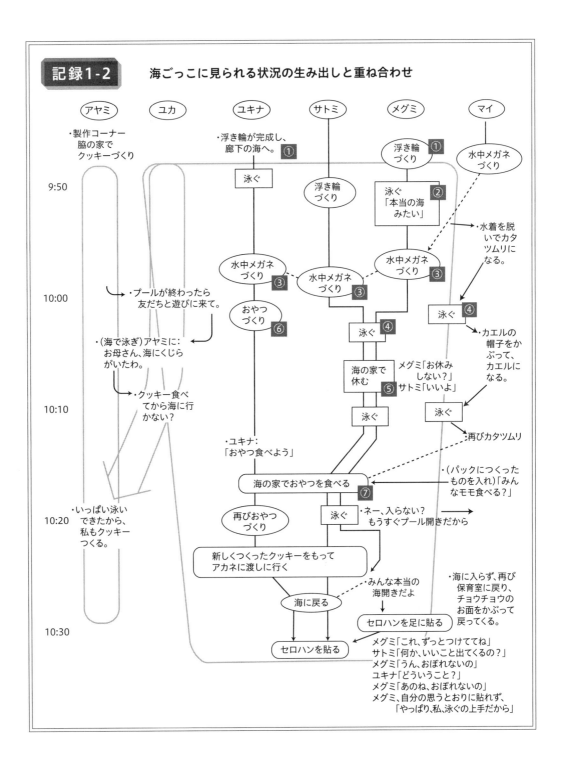

記録1-2　海ごっこに見られる状況の生み出しと重ね合わせ

　この遊びの特徴は、子どもたちは遊びに必要なモノをつくることによって豊かな状況性を生み出していることである。「遊びの状況」とはあるモノを見立てたり、何かになりきって振りをすることで生まれる虚構世界である。

　子どもたちは初めに浮き輪をつくり①、海の壁面構成を海に見立て、そこで「泳ぐ」という振り②が生まれる。このような動きのイメージから次に水中メガネをつくるというモノづくりが生まれる③。水中メガネづくりは、保育室の製作コーナーで行われていたが、水着を着た仲間が同じ物をつくる姿は楽しそうだった。水中メガネができあがると再び廊下で泳ぐまねをするが、②の泳ぐ姿より、④の泳ぐ姿のほうが振りに熱中している様子だった。お揃いでつくった水中メガネがイメージの深まりに貢献していることがわかる。このようにして、次に「おやつをつくること」が「海の家で休む」という動きを生み出すなど、遊びに使うものをつくるおもしろさ（①③⑥）が新しい状況を生み出し、なりきって遊ぶおもしろさ（②④⑤⑦）を増幅していっている様子がわかる。

　また、この遊びでは1人の子どもが生み出した状況を他の子どもも理解し引き受けて、そこに新しい状況を重ねていく姿が見られた。

> 　メグミ「これ、ずっとつけててね」と言いながら、サトミに青いセロハンを渡す。サトミが「何かいいこと、出てくるの」と聞くと、メグミは「うん、おぼれないの」と答える。それを聞いていたユキナも「どういうこと」と聞く。メグミは「あのね、おぼれないの」と答える。

　青いセロハンは、水中メガネづくりのコーナーに保育者が出したものである。メグミは、セロハンを今度は「おぼれない道具」として見立て直し、新しい見立てを他児に言葉で伝えている。環境に自分からかかわってイメージをもち、遊びのメンバーを共有する姿といえよう。

　この遊びの周辺で遊びにかかわっていた子どもの姿にもイメージを共有する様子が見られる。海ごっこに部分的に参加していたユカは、もともとアヤミとお家ごっこをしていた。ユカは海ごっこへ、アヤミはクッキー屋へと遊びが変化していったように見えていたが次のような会話をしている。

> アヤミ、ユカに「プールが終わったら友だちと遊びに来てね」
>
> ユカ、戻ってきて「お母さん、海にクジラがいたわ」
>
> アヤミ「クッキー食べてから、海にいかない？」
>
> ユカはクッキーを食べてから海に行き、しばらく泳ぐ振りを楽しむ。
>
> ユカ、戻ってきて「いっぱい泳いできたから、私もクッキーつくる」と言う。

　保育室にいたアヤミは廊下の様子を把握しておらず、最初はプールだと思っていたようだが、出入りする友だちの振りの様子や身につけているもの、会話などからそこは「プール」ではなく、「海」であることに気づき取り入れている。

　この海ごっこの事例から遊びの状況が豊かであると、他の遊びに取り組んでいる子どもにもその状況が伝わりやすいということがわかる。

　遊びに必要なモノをつくる（ここでは水中メガネやおやつなど）という行為そのものは、多くの場合個別の動きである。ところがつくったモノを身につけたり、持ったりすることによって生まれる動き（ここでは泳いだり食べたりすること）は、個のなかにとどまらず、同じ動きをする他者との間に共感を生む。ここで生まれた共感性（友だちと泳ぐ振りをすると楽しい）は遊びの動機を高めるのである。モノをつくることである状況を生み出し、また、その状況に応じてモノづくりが行われる。図1に示すような循環を仲間と共有できるとき、子どもたちは実におもしろそうに遊ぶのである。

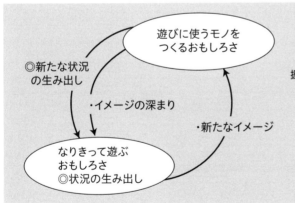

あるモノを見立てたり、何かになりきって振りをしたりすることで、誕生する虚構世界。

例）Aがあるモノを見立てたり、振りをして状況を生み出す。同様に、Bが生み出した状況が、Aの状況と部分的に重なったり、前後がつながったりして、新たに状況が生まれる。

〈図1〉　遊びの状況が生まれる循環

（2）子どもは互いの遊びの状況を意識しながら遊ぶ

　アヤミは直接「泳ぐ」という動きを中核とした海ごっこに参加していたわけではないが、海に行く友だちのためにおやつをつくるという動きをとることで、ユカとのかかわりを保とうとしていた。

　このように子どもは別の遊びをしているようでありながら、しっかりアンテナをはっていて、近くの遊びの情報を自分のなかに取り込んでいる。遊びは互いに影響を受け合っている。このことについてあるクラスの保育室での遊び全体の様子から考えたい。まず、次ページの指導案1-1を見てみよう。

　指導案1-1は2年保育4歳児11月の日案である。保育者は前日の遊びの様子から、その日、保育室のなかで6つほどのごっこ遊びが展開されると予想している。そのほかに製作コーナー、園庭、ホールなどでの遊びも予想しており、一つ一つの遊びには願いと細かい配慮事項が書き込まれている。たとえば、製作コーナーに対しては「自分のつくりたいモノ、遊びに使うモノをつくる」「つくりたいモノに合う材料を見つけたり、また、材料からつくるモノを考えたりして、つくることを楽しむ」とある。

　実際の子どもたちの遊びはどうだったろうか。

　p.34の記録1-3は、実際のその日の子どもの動きを記録したものである。

　製作コーナーには登園直後には8名の子どもがおり、はじめは自分の好きなモノをつくっている。しかし保育者が願っていたように、つくりたいモノに合う材料を見つけたり、また、材料からつくるモノを考えたりして、つくることを楽しんでいた子どもは2名で、あとの子どもは「自分のつくりたいモノ、遊びに使うモノをつくる」という展開にはならず、すぐに飽きて映画館ごっこの客になったり、いつの間にか演じる側にまわって、自分のつくったモノをスクリーンに見立てた台の上で突発的に動かしてみたりしていた。

　このように保育者が予想しなかった動きを示したり、保育者の願いと子どもの姿との間にズレが生じたりすることはよくある。そういったとき、子どもは記録1-3を見てもわかるように、周囲の遊びにかかわったり、自分のまわりの遊びからの刺激を受けたりして、何とか次なる遊びの芽を見出そうとする。

　製作コーナーだけではない。この日、保育室に遊びの拠点を確保した基地ごっことゲームや他のごっこの子どもは場をつくったものの、どう動いてよいかわからず、やはり、映画館の客になったりしている。どのようにして他の遊びにかかわっていったかを見てみよう。

指導案1-1　予想される遊びの様子（○）と指導上の留意点（☆）

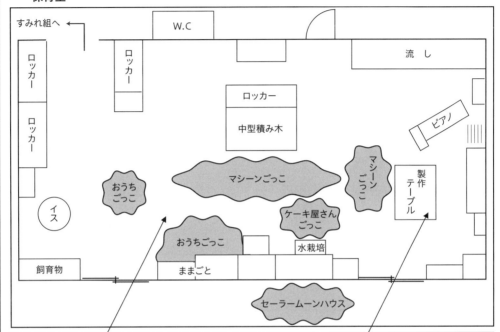

ごっこ遊び（マシーンごっこ、お家ごっこ、お店屋さんごっこ、ヒーロー・ヒロインごっこ、など）
　○友だちと誘い合って、イメージに合わせた場づくりを楽しむ。
　○遊びに必要なモノをつくる。
　○なりたい役を「ぼく、○○ね」「わたし、○○なの」と伝えながら、その役になりきって動いたり、言葉を出したりして遊ぶ。
　○友だちとのやりとりを楽しむ。
　☆イメージや思いに合った場づくりができるように、スペースの取り方などを援助したり、「ここは○○なの？」とイメージを確認したりする。混雑したときには、整理もしていく。
　☆なりきっている役が本人も周囲の子どもにもはっきりするように、お面や変身するモノを身につけたり、遊びに必要なモノをつくったりできるようにする。
　☆それぞれの思いやイメージをくみ取りながら、イメージが具体的になるように、保育者も仲間に入って言葉を添えたり、動きのモデルになったりして、イメージが広がるおもしろさが感じられるようにする。
　☆片づけの場所を工夫し、翌日の遊びにつながるようにする。

製作コーナー（剣、魔法のスティック、お面、身につけるモノ、ごちそう、ハムスターハウス、など）
　○自分のつくりたいモノ、遊びに使うモノをつくる。
　○つくりたいモノに合う材料を見つけたり、また、材料からつくるモノを考えたりして、つくることを楽しむ。
　☆一人一人がじっくりとつくることができるように、雰囲気づくりをしたり、スペースを考えてテーブルを広げたり、つくる場所をほかにも設けたりする。
　☆一人一人のつくっている姿を認める言葉がけをして、できたという気持ちがもてるようにする。

〈園庭〉
　○砂場－山づくり、ケーキ・プリンづくりなどを楽しむ。
　○遊具－ジャングルジム、のぼり棒、鉄棒など挑戦する。

日のねらい……友だちと考えを出し合って遊びを楽しむ。

〈職員室前ホール〉
　○お相撲ごっこ
　○ソフト積み木で迷路をつくって遊ぶ。

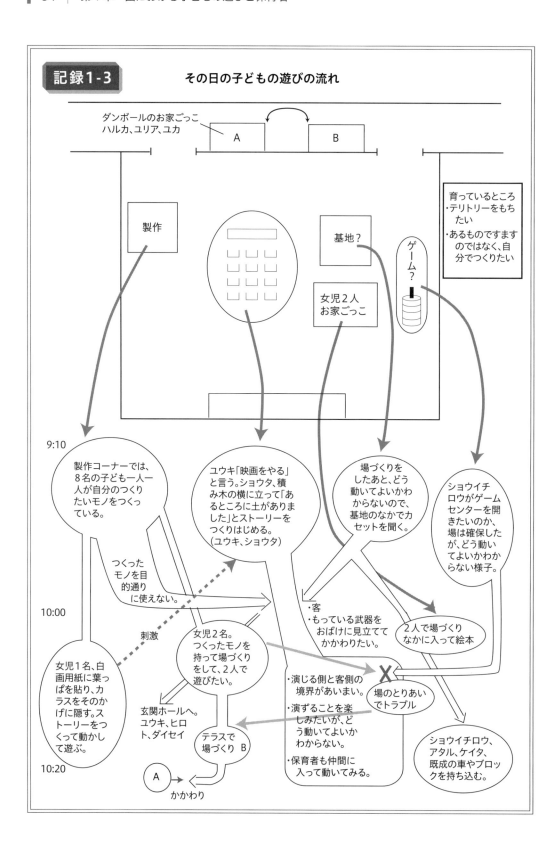

記録1-3　　その日の子どもの遊びの流れ

ダンボールのお家ごっこ
ハルカ、ユリア、ユカ

A　B

製作

基地？

ゲーム？

女児2人
お家ごっこ

育っているところ
・テリトリーをもち
たい
・あるものですます
のではなく、自
分でつくりたい

9:10

製作コーナーでは、
8名の子ども一人一
人が自分のつくり
たいモノをつくっ
ている。

ユウキ「映画をやる」
と言う。ショウタ、積
み木の横に立って「あ
るところに土がありま
した」とストーリーを
つくりはじめる。
（ユウキ、ショウタ）

場づくりを
したあと、どう
動いてよいかわ
からないので、
基地のなかでカ
セットを聞く。

ショウイチ
ロウがゲーム
センターを開
きたいのか、
場は確保した
が、どう動い
てよいかわか
らない様子。

つくった
モノを目
的通り
に使えない。

10:00

刺激

女児2名。
つくったモノを
持って場づくり
をして、2人で
遊びたい。

・客
・もっている武器を
おばけに見立てて
かかわりたい。

2人で場づくり
なかに入って絵本

女児1名、白
画用紙に葉っ
ぱを貼り、カ
ラスをそのか
げに隠す。ス
トーリーをつ
くって動かし
て遊ぶ。

玄関ホールへ。
ユウキ、ヒロ
ト、ダイセイ

テラス
場づくり　B

・演じる側と客側の
境界があいまい。
・演ずることを楽
しみたいが、ど
う動いてよいか
わからない。
・保育者も仲間に
入って動いてみる。

X

場のとりあい
でトラブル

ショウイチロウ、
アタル、ケイタ、
既成の車やブロッ
クを持ち込む。

10:20

A

かかわり

●自分たちの遊びの目的があいまいなために、他の遊びにかかわる

はじめ製作コーナーには8名の子どもが登園後すぐにやってきてつくりたいモノをつくっていた。空き箱で犬の人形をつくっていた2人の女児はできあがるとテラスに出て、家をつくりはじめた。この2人は片づけになるまでずっとテラスで「犬を飼っている家ごっこ」をしていた。この動きは担任の予測した「遊びに使うモノをつくる」姿であり、「友だちとかかわって遊ぶ」というねらいに向かう姿といえよう。ところが残りの6名の子どもは紙で剣や空箱でロボットのようなモノをつくったが、つくったモノで遊ぶという方向を見出すことができなかったのか、それをロッカーにしまってしまった。そして、すぐとなりではじまりかけていた映画館ごっこの客として参加している。

同様に前日の続きの基地を積み木でつくっていた男児も基地ができあがったあとその場でどう遊ぶかというイメージがもてなかったらしくカセットを聴いていた。カセットを聴きながら映画館ごっこのほうを見ていたが、10時ごろになると男児も映画館ごっこの客になっていった。

製作コーナーと基地ごっこの子どもの遊びは保育者の予測とはズレてしまい、「友だちと考えを出し合って遊びを楽しむ」というねらいに向けては援助が必要だったかもしれない。けれども、このクラスの子どもたちは自分たちなりに停滞した遊びを何とかしようとする力や他の遊びにかかわっていく力が育っているし、友だちを受け入れる素地が育っている。遊びのタネを周囲の状況のなかから何とか探そうとすることはとても大切である。

●他の遊びにかかわることによって自分たちの遊び状況が豊かになる

保育室のなかでお家ごっこをしていた女児は、異なる意味を周囲の遊びに見出している。仲のよい友だちらしく、自分たちの居場所を積み木でつくったあと、その場で絵本を見たり、ご飯を食べるまねをしていたが、しばらくすると「映画を見に行きましょうか」と言って、映画館ごっこの客となった。これは周囲の状況を自分たちの遊びの流れに取り入れて、豊かに展開している姿といえよう。

子どもたちは自分たちの遊びを展開しながらも、無意識のうちにも同じ場で展開される遊びを視野に入れ、遊びの課題を潜在的にためこんでいるといえよう。それは、自分たちの遊びがつまらなくなって、次の遊びの課題を見つけようとする動きの場合もあるし、自分たちの遊びのイメージを豊かにするために取り入れる場合もある。いくつかに分かれている遊び一つ一つにていねいにかかわろうとすると、保育者としては、他の遊びとの関係性が見えなくなりがちになる。しかし、同じ場で遊ぶ子ども同

士は、保育者が予想する以上に互いの状況を視野に入れ、刺激を与えたり受け止めたりしているのである。

　保育者はこのことを視野に入れ、場のつくり方や遊びの流れのつくり方について援助していく必要がある。遊びの充実は単独の遊びの展開を指すだけでなく、遊びと遊びがどう有機的に関連し合っているかということもかかわっているのである。

（3）子どもは環境（教材・素材）の特性を受け止めながら遊ぶ

　子どもは身近な環境にかかわることによって遊びを生み出す。小川は、環境は子どもの遊びの志向性を生み出す根源であると述べているが、どのような環境をそこに構成するかによって、子どもの遊びの方向性は概ね決まる。「概ね」というのは方向が決定されるわけではないということである。保育者があるねらいをもって何らかの環境を構成したとしても、その環境にかかわり、意味づけをしていくのは子ども自身であって保育者ではない。保育者がそこに込めた願いどおりに環境を取り込むとは限らないので、子どもはどう環境にかかわり、意味づけていくかを常に読み取らなければならない。

　小川は「どの程度、保育者が環境の整備をするかは、幼児自身が主体的に環境に取り組み、自力で自己の活動の場を構築できることを保障する程度に、ということしかいえない。このことを具体化するには幼児一人ひとりの遊びへの取り組みや、集団による遊びの自己達成度をその都度診断して対応することが必要となる」[4]と述べており、環境はその子どもの置かれている状況や発達によってその意味が変わっていくことを示唆している。

4）小川博久／スペース新社保育研究室編　『保育援助論 復刻版』萌文書林、2010、p.68

　多くの子どもは砂場でバケツを見ると、なかに砂を入れようとするし、そばにシャベルがあればかき混ぜはじめる。「バケツ」というモノの存在が子どもに「なかに何かを入れる」行為を要請し、シャベルというモノの存在が掬ったり混ぜたりする行為を子どものなかから引き出すのである。モノに限らない。空間も子どもたちにさまざまな働きかけをする。広い場所に子どもを連れて行けば、自然に走り出すだろう。そして、そのようなオープンな空間では「かくれんぼ」のような遊びは発生しにくい。

　昼食前の遊びと昼食後の遊びの内容を比較してみると、「時間」という環境も、また、子どもに何らかの働きかけをしていることがわかる。幼稚園の場合、午前中は時間がたっぷりあることを体験的に知っているので、子どもたちは空間をいっぱい使い、モノをたくさん広げて遊ぶことが多い。しかし、午後はあまり広げようとしない。ルールのある運動遊びをしたり、固定遊具で遊ぶ姿が多くなる。もちろん、午前中の遊びで充足し、身体的・心理的に落ち着きたいと思うのかもしれないが、同時に体験的に午後の遊び時間は短いことを知っており、その範囲で集中して楽しめる遊びを選びとっているようである。

　素材・教材・遊具・道具・空間・時間など、子どもを取り巻くさまざまな環境は子どもに働きかける。そして子どもはこの働きかけを受け止めたり、受け止めなかったりして遊ぶ。したがって、これらが潜在的に保有している可能性（潜在的な学びの価値）を知り理解することは子ども理解を助けるだろう。潜在的に保有している可能性を保育者の視点から研究し、深めていく行為を一般的に「教材研究」というが、広くとらえ、環境理解のための研究を進めることが必要である。

　子どもたちが楽しそうに取り組んでいる遊びを見てみると、次の点が共通していることに気づく。それは、
　①モノとかかわることによって、遊びに状況を生み出している。
　②他の友だちの遊びを潜在的に自分の遊びに取り込んでいる。
　③周囲の環境の特性を自分なりに取り込み、遊びに生かそうとしている。
という点である。
　これを保育者の援助という視点から読み替えると、
　①モノとかかわる子どもの姿をよく見て理解すること。
　②他の遊びとの関連を理解すること。
　③環境のもつ特性を理解したうえで、子どもの行動の動機を探ること。
ということになる。遊びの充実に向け子どもを理解するためには環境に対する理解が不可欠である。

III 子どもの遊びを援助する

　前節では、「遊びを理解する」視点が必要であることを述べた。教育という営みのなかで、援助の対象となる子どもや遊びを理解することは、すべての保育行為の起点となる。ただし、理解することで終わっていては子どもの育ちを助けることにはならない。保育者として、理解してからどうするかが問われる。その際、保育者が陥りやすいのは次のような点である。

- 同時に進行している複数の遊びをすべて把握することはむずかしく、有効な援助ができる遊びが限られる。
- 「遊びを楽しくさせたい」と思うあまり、援助を焦り、保育者のイメージで遊びを引っ張ってしまう。
- 一人一人の子どもが感じているおもしろさを理解することがむずかしく、的確な援助ができない。

　適切な援助に向けて、保育者は何をどのように把握して考え、動けばよいのだろうか。

1．クラス全体の遊びをとらえる

（1）ワイドに見る

　遊びを中心とした保育では、同時進行でいくつもの遊びが展開している。1つの遊びに参加する子どもの人数は、遊びの内容や質、子どもの年齢によっても異なる。しかし、一般的には子どもの遊びは2～5人くらいで行われることが多いので、クラスが30人以上の在籍数であれば、通常、5つ以上の遊びが同時に展開していると考えてよいだろう。

　では、この5つ以上の遊びを保育者はどう理解し、働きかけようとしているのか。保育者なら誰でも全員の子どもの様子を把握したいと思う。けれども複数の遊びに同時に向き合うことは残念ながらできない。身体的には1か所しかとどまることができず、見ることができる範囲も限られる。しかし、担任としてはクラス全体（ときにはクラスや学年を越えて）を理解することが求められる。つまり保育者は全体の把握と

個別の把握の両方が求められるのである。まずは、実際の保育者の動線を追って動きの背景を探ってみよう。

　次ページの記録1-4はある園の1日の遊びの流れを筆者が記録したものであり、記録1-5はそこに担任のA先生がどのようにかかわったのかの動線を重ねて記したものである。

　この日、子どもたちは8つの遊びに分かれて遊んでいた。BとCは保育室で行われていた遊びであるが、あとは園庭やホールに分散していた。Eの子どもたちは何をして遊ぼうか迷っている様子だったが、他の子どもは前日の遊びの続きをしたいという目的意識がしっかりあり、登園するとすぐにそれぞれの場所へかたまって遊びはじめた。そのなかでDのダンスショーは保育室から1番離れた場所にステージをつくりはじめていたし、まだはじまったばかりの遊びらしく場所づくりにとまどっていて、保育者の援助が必要であるように思えた。

　ところが、この日、A先生は日ごろ気にかかっていたK男との関係をつけることを心がけていたために、Dの遊びの最初の動きを読み取ることができなかった。A先生はこの日、どのような思いをもって動いていたのだろうか。聞き取ったことをまとめてみた。

①K男をしっかり受け止めよう→　一緒にお花に水をやる　→ダンスショーははじまっただろうか

②Dのダンスショーが気になる→　お客になって何か困っていることはないか探ってみる　→参会者が客になっているので大丈夫そうだ

③玄関の前のコマの場に行っているK男の様子と戸外遊びを把握したい→　K男にかかわるまえに森のレストランの様子を知りたい。客になってかかわってみる　→ここは仲間関係が安定している

④K男を認めたい→　コマをしているK男が遊びを楽しんでいるか見に行く　→場には何人もいて、K男もコマ回しを楽しんでいそうなので、停滞している鬼遊びの場へ行ってみよう

⑤鬼遊びを活性化させて、子どもだけでも遊びが続くようにしたい→　島鬼の仲間になって動きながら楽しい雰囲気をつくる　→他の女児たちは遊びの目的を見つけただろうか

⑥Eの女児たちの思いを知りたい→　近づいていって一緒に池の鯉を見ながら鬼遊びに誘う　→他の子どもたちの遊びも停滞しているようだったら、鬼遊びに誘いたい

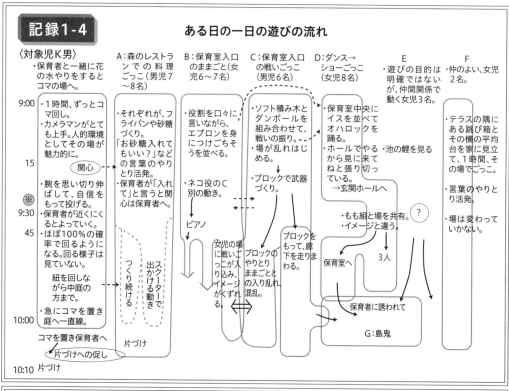

記録1-4　　ある日の一日の遊びの流れ

〈対象児K男〉

・保育者と一緒に花の水やりをするとコマの場へ。

| A：森のレストランでの料理ごっこ（男児7〜8名） | B：保育室入口のままごと（女児6〜7名） | C：保育室入口の戦いごっこ（男児6名） | D：ダンス→ショーごっこ（女児8名） | E 遊びの目的は明確ではないが、仲間関係で動く女児3名。 | F 仲のよい、女児2名。 |

9:00
・1時間、ずっとコマ回し。
・カメラマンがとても上手。人的環境としてその場が魅力的に。

15

（関心）

※
・腕を思い切り伸ばして、自信をもって投げる。

9:30
・保育者が近くにくるとよっていく。

45
・ほぼ100％の確率で回るようになる。回る様子は見ていない。

紐を回しながら中庭の方まで。

10:00
・急にコマを置き庭へ一直線。

コマを置き保育者へ
片づけへの促し

10:10 片づけ

A：
・それぞれが、フライパンや砂糖づくり。「お砂糖入れてもいい？」などの言葉のやりとり活発。
・保育者が「入れて」と言うと関心は保育者へ。

ピアノ

つくり続ける
出かけるスクーターでの動き

片づけ

B：
・役割を口々に言いながら、エプロンを身につけごちそうを並べる。
・ネコ役のC別の動き。

女児の場に戦いごっこが入り込み、イメージがくずれる。

C：
・ソフト積み木とダンボールを組み合わせて、戦いの振り。
・場が乱れはじめる。
・ブロックで武器づくり。

ブロックのやりとりままごとの入り乱れ混乱。

ブロックをもって、廊下を走りまわる。

D：
・保育室中央にイスを並べてオハロックを踊る。
・ホールでやるから見に来てねと張り切っている。
→玄関ホールへ

・もも組と場を共有。
・イメージと違う。

保育室へ

3人

?

保育者に誘われて

G：島鬼

E：
・池の鯉を見る

F：
・テラスの隅にある跳び箱とその横の平均台を家に見立て、1時間、その場でごっこ。
・言葉のやりとり活発。
・場は変わっていかない。

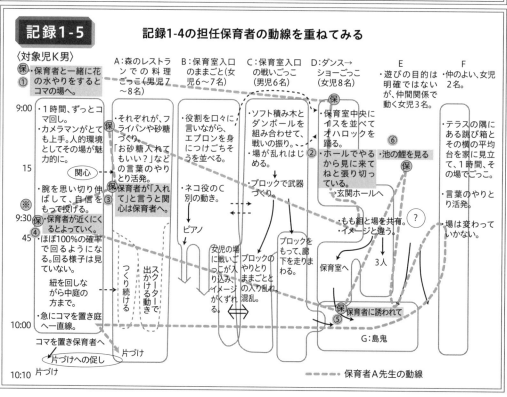

記録1-5　　記録1-4の担任保育者の動線を重ねてみる

〈対象児K男〉

�保①・保育者と一緒に花の水やりをするとコマの場へ。

| A：森のレストランでの料理ごっこ（男児7〜8名） | B：保育室入口のままごと（女児6〜7名） | C：保育室入口の戦いごっこ（男児6名） | D：ダンス→ショーごっこ（女児8名） | E 遊びの目的は明確ではないが、仲間関係で動く女児3名。 | F 仲のよい、女児2名。 |

9:00
・1時間、ずっとコマ回し。
・カメラマンがとても上手。人的環境としてその場が魅力的に。

15

（関心）

※
・腕を思い切り伸ばして、自信をもって投げる。

9:30
�保④・保育者が近くにくるとよっていく。

45
・ほぼ100％の確率で回るようになる。回る様子は見ていない。

紐を回しながら中庭の方まで。

10:00
・急にコマを置き庭へ一直線。

コマを置き保育者へ
片づけへの促し

10:10 片づけ

�保・それぞれが、フライパンや砂糖づくり。「お砂糖入れてもいい？」などの言葉のやりとり活発。
�保③・保育者が「入れて」と言うと関心は保育者へ。

ピアノ

つくり続ける
出かけるスクーターでの動き

片づけ

・役割を口々に言いながら、エプロンを身につけごちそうを並べる。
・ネコ役のC別の動き。

女児の場に戦いごっこが入り込み、イメージがくずれる。

・ソフト積み木とダンボールを組み合わせて、戦いの振り。
・場が乱れはじめる。
・ブロックで武器づくり。

ブロックのやりとりままごとの入り乱れ混乱。

ブロックをもって、廊下を走りまわる。

・保育室中央にイスを並べてオハロックを踊る。
②㊀ホールでやるから見に来てねと張り切っている。
→玄関ホールへ

⑥
㊀池の鯉を見る

・もも組と場を共有。
・イメージと違う。

保育室へ

3人

?

㊀保育者に誘われて
⑤

G：島鬼

・テラスの隅にある跳び箱とその横の平均台を家に見立て、1時間、その場でごっこ。
・言葉のやりとり活発。
・場は変わっていかない。

- - - - 保育者A先生の動線

　この一連の「動き」と「思い」を見てわかるように、保育者は1つの遊び（あるいは子ども）にかかわりながらも、他の遊びはどうなっているのかを常に気にしている。そしてそのときどきで優先性を判断しながら、自分は次にどの遊びを注視すべきか、何をすべきかを判断する。行き当たりばったりに動いているわけではない。A先生の行動の軌跡を見ると（記録1-5参照）、

- ①④のように、個別の気になる子どもへの注視
- ②③のように、一つ一つの遊びの展開への注視
- ⑤のように、クラス全体に投げかけた遊びやクラスの遊びの全体的な活性度への注視

の3つの注視の方向がある。保育者は常にこのように複眼をもち、遊びを理解しようとしているのである。ただし、どれもこれもを理解しなければと焦ってはならない。

　1つの遊びにかかわれば、他の場所での遊びを見ることができないのは保育者の身体的な宿命である。保育者はすべての遊びの様子が気になるとあちこちで「立ち止まる」ようになり、結局、どの遊びも的確につかむことができなくなる。これがいわゆる「見まわり保育」といわれるもので、保育後に保育を振り返ったとき、結局どの遊びも理解できていないことに気づく。

　A先生は、広い敷地に広がって遊ぶ子どもたちの一つ一つの遊びを把握するために、短時間のうちに1つの遊びから別の遊びへと移動してしまうことになった。保育後、「どの遊びに対しても有効な援助を行うことができなかった」と、反省していた。

　「立ち止まる」というのはそこに思考を集中させることであって、ただ身体的にとどまって外側から子どもを見ることではない。保育者も何らかの形で遊びに参加し「かかわる」ことで見えてくるものがある。幼児理解というと外側から子どもを読み取ることと誤解している保育者もいるようだがそうではない。

　A先生は「どの遊びに対しても有効な援助を行うことができなかった」と述べた。筆者はA先生の後を追って、かかわりをもったときの子どもの様子とその後の遊びの変化を見ていたが、たしかにそういう場面もあった。たとえば「森のレストランごっこ」では、先生が来るまでの間、子どもたちは白砂を砂糖に見立てて活発にやりとりをしていた。しかし、A先生が「入れて」と言って近づいてくると、とたんに関心は先生に向き、仲間同士のやりとりを楽しむというより、先生のためにごちそうをつくるという動きになってしまった。

　この日は地域の保育者が集まる公開保育日でもあった。100人以上の参会者に囲まれ、子どもたちの様子も日常とは異なっていただろう。いつもなら子ども同士互いの遊びを視野に入れているところだが、この日は参会者が立っていてそれができない状

態だった。A先生にも遊びが見えにくかったのだろう。じっくりとかかわって遊びの展開を理解するゆとりがもてなかったのは当然である。この日のA先生の率直な反省から教えられたのは、遊びに近づいてすぐに声をかけるのではなく、「何におもしろさを感じているのか」「仲間とのやりとりはどうか」ということを読み取る余裕をもつ必要である。

　つまり保育者には遊び全体を複眼で大把みしつつ、同時に精神的なゆとりを保って細部を見る眼が求められるのである。

（2）個をズームアップして見る

　では、A先生が気になっていたK男はどんなおもしろさを感じて、コマ回しをしていたのだろう。細かく見てみよう（記録1-6）。

　ずっと様子を見ていると、K男は他の子どもとコマを回すことを楽しんでいるのではなく、保育者に励まされたり、大人の上手な回し方に関心をもったりしていたこと

記録1-6

K男の記録

　K男は朝の身支度を終えるとテラスに出る。担任が花に水をやっているのを見て自分もジョウロを手に取り、パンジーに水をやる。

　それから（前日の続きなのか）迷うことなく玄関ホール前のコマの場へ行き、回しはじめる。まわりに同じ組の子どもはいないが、周囲の5歳児や副園長の動きをチラチラ見ながら何回も繰り返して回す。回ったコマを注視していないところを見ると「回す瞬間」や「回るかどうか」に興味があるようである。

　副園長の声かけで他児と同時に回す競争に一回参加するが、誰が長く回せるかには興味を示していない。担任が近くに来ると（記録1-4の※部分）K男はうれしそうに笑い、近くに寄っていく。

　コマや紐を何回か違うものにかえて試すが、紐を回している最中は近くで行われているAの森のレストランごっこや同じ組の子どもの遊びを目で追っている。

　参会者の1人がコマを紐の上で回す様子に目を奪われ、じっと見ている。

　しばらくして紐を回しながら中庭のほうへ歩いていく。中庭でやっていた担任と自分の組の仲間が鬼遊びをしている様子が目に入ったのか、急にコマを置いて、鬼遊びに入っていく。

がわかる。9:30の時点でA先生はK男の様子を見に来た。K男は先生が来たのがうれ
しくて、すぐに近くに寄っている。A先生はK男がコマ回しに熱中していることを確
認して他へ移っていったのだが、このとき「上手に回せる人への関心」が高いことに
気づいていれば、A先生自身もコマを回すという行為をとったかもしれない。その後、
K男はコマに満足したのか、同じクラスの他児の動きが気になったのか、A先生のそ
ばに行きたかったのか、コマを置いて鬼遊びに入っていった。

　全体を把握しつつ、細かく見ることは容易ではない。けれども少し心をとどめて子
どもの内面を探ろうとする姿勢をとることで、子どもの思いに触れることが可能にな
るかもしれない。均等に見まわっていたら、すべての遊びを理解することはできない
だろう。全体をワイドにとらえつつ、どこかをズームアップしてとらえる目をもち、
どこの遊びにかかわることが最優先かを判断してかかわることが求められる。当然、
その他の遊びを継続してとらえることはできず、ある点とある点とを結んで理解せざ
るを得ないのである。

　1日のうちに全部の遊びを把握することはむずかしいということを自覚し、たとえ
ばその日かかわることができない遊びは、翌日以降にかかわるようにすることなどを
記録に残しておくことが大切である。

2.「実態把握」から「ねらい」をもつ

（1）保育者の援助がずれるとき

　保育者は自分が担任しているクラスの子ども全員の（あるいはクラスや学年の枠を越
えて）育ちを願い適切な援助を行おうと思う。けれども同時進行するいくつもの遊び
における子どもの経験を的確に把握し、援助することはむずかしい。ときに、保育者
の思惑は子どもの必要感からはずれる。遊びが充実するようにと願いを込めて行った
援助も的を射ていないことがある。援助はどんなときにずれてしまうのか。

　保育者が積極的に環境を構成したのに、子どもたちに受け入れられなかった次の事
例1-4を通して考えてみよう。

事例1-4

　水族館に遠足に行った翌日、2年保育4歳児の担任B先生は、子どもたちが水族館のイメージで遊びはじめることを願って、前日のうちに保育室内の壁面に水色の模造紙を貼り、紙でつくった魚や空き箱でつくったカニをいくつか泳がせておく。壁面の下の床には水色のビニールシートを敷き、海の雰囲気を出す。日ごろから同じ遊びを繰り返すことが多く、遊びの幅が広がっていかないことが気になっていたので、水族館に行った体験が共通のイメージを生み出し、水族館ごっこのような新しい遊びが展開していくことを期待した。

　翌朝、登園してきたタカシは水族館のように環境構成された保育室に入るや「何これー」と叫び、廊下にいたシュウに知らせに行く。B先生は水族館からもらってきたパンフレットを手に持ち、登園してきた子どもたちに1枚ずつ配りながら、「昨日は楽しかったね。大きな魚もいたね」と前日の話をする。

　シュウは担任に「いっぱいつくってるの？」と聞きながら、水に見立てられたビニールシートのなかに入り、泳ぐまねをしながら「ここねー、水族館」と言う。登園してきたコナツ、チヅル、エリ、ユカも驚きながら壁面のカニに手を挟まれて痛がるまねなどをする。

　子どもたちは水族館らしくなっている保育室に驚きながら、持ち物の始末をすませる。保育者の設定した環境と前日の遠足のイメージを重ね合わせたらしい10名の子どもが、保育者が設定しておいた製作コーナーにおいて水族館で見てきたモノをつくりはじめる。水族館のパンフレットを手にして友だちと前日の話をしている子どももいる。

　青いビニールシートの上を歩くときに、水の中を歩いているかのように息を止めている子どももいるが、シートを水として見立てず、ズカズカと靴のままで踏んで歩く子どももいる。

　カニや船等の製作に取り組んでいた子どもたちやユカ、ミズキの2名は製作コーナーでヒトデや貝など、前日見てきた水生生物をいくつもつくり続けるが、1つめをつくりおえ、それを水族館に飾ると、保育者の期待に反して、ままごと、砂場、戦いごっこなど、日ごろ遊んでいる遊びに移っていく。

　およそ30分たつとその他の子どもは別の遊びに移っていく。保育者は保育後に「今日の援助は空振りに終わってしまった」と反省していた。

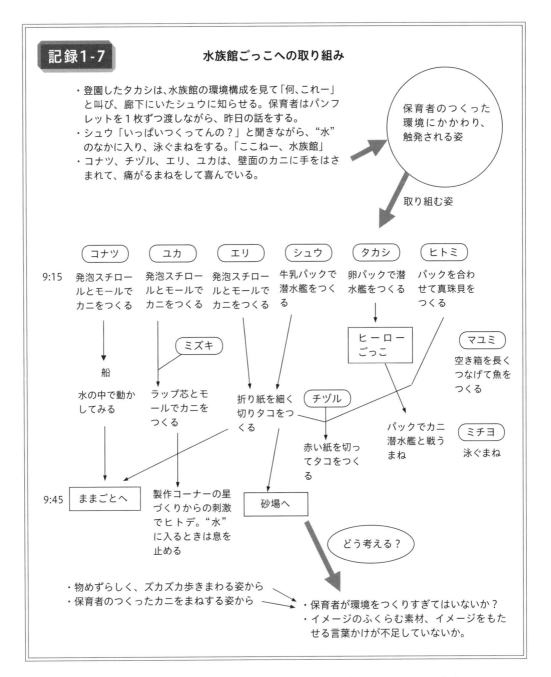

記録1-7　　　　　　　　　水族館ごっこへの取り組み

・登園したタカシは、水族館の環境構成を見て「何、これー」と叫び、廊下にいたシュウに知らせる。保育者はパンフレットを1枚ずつ渡しながら、昨日の話をする。
・シュウ「いっぱいつくってんの？」と聞きながら、"水"のなかに入り、泳ぐまねをする。「ここねー、水族館」
・コナツ、チヅル、エリ、ユカは、壁面のカニに手をはさまれて、痛がるまねをして喜んでいる。

保育者のつくった環境にかかわり、触発される姿

取り組む姿

コナツ	ユカ	エリ	シュウ	タカシ	ヒトミ

9:15

発泡スチロールとモールでカニをつくる（コナツ）

発泡スチロールとモールでカニをつくる（ユカ）

発泡スチロールとモールでカニをつくる（エリ）

牛乳パックで潜水艦をつくる（シュウ）

卵パックで潜水艦をつくる（タカシ）

パックを合わせて真珠貝をつくる（ヒトミ）

ミズキ

ヒーローごっこ

マユミ
空き箱を長くつなげて魚をつくる

船
水の中で動かしてみる

ラップ芯とモールでカニをつくる

折り紙を細く切りタコをつくる

チヅル

パックでカニ潜水艦と戦うまね

ミチヨ
泳ぐまね

赤い紙を切ってタコをつくる

9:45　ままごとへ

製作コーナーの星づくりからの刺激でヒトデ。"水"に入るときは息を止める

砂場へ

どう考える？

・物めずらしく、ズカズカ歩きまわる姿から
・保育者のつくったカニをまねする姿から

・保育者が環境をつくりすぎてはいないか？
・イメージのふくらむ素材、イメージをもたせる言葉かけが不足していないか。

　どうして子どもたちは保育者が期待（水族館のイメージで遊びはじめてほしい）していたように、遠足という共通体験をもとに遊びを展開しなかったのだろうか。
　シュウは登園すると保育者に「いっぱいつくってるの？」と聞いている。シュウは遠足前の保育室の様子と異なる環境構成に対して「これは先生がはじめた遊び」というイメージをもったのかもしれない。いったんは興味をもって牛乳パックで前日に水

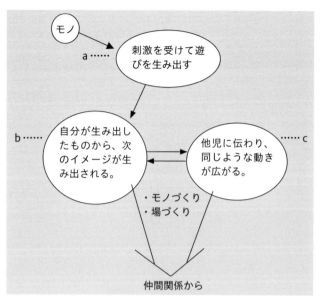

〈図2〉　遊びの広がり

族館で見たミニチュアの潜水艦をつくるが、その後は砂場にいってしまう。コナツとエリはB先生のまねをして同じ材料でカニをつくったあと、それぞれ異なる製作物をもう1つつくって水の中で動かしてみるが、前々日の続きのままごとにいく。

　子どもは身近な材料や素材を使って「何かをつくる」という行為を行う。たとえば子どもはよく広告紙で剣をつくる。はじめから剣をつくるという目的をもって広告紙を手にすることもあるし、無目的に手近にあった紙をいじっているうちにクルクルと丸めはじめ、いつの間にか剣ができてしまうこともある。剣ができるとそれを振り回したくなり、テレビのヒーローになったつもりになって動きはじめるようになる。「剣」というモノをつくったことにより、行為のイメージが引き出され、遊びへと展開していくのである。モノをつくることがきっかけになって遊びがはじまり（図2 -a）、さらに必要なモノをつくることが繰り返されて、次のイメージが生み出され（図2 -b）、それが他児に伝わって（図2 -c）遊びは展開していく。

　ところがこの事例の場合、子どもたちは設定された環境から刺激を受けてモノをつくったが、そこからその次の遊びのイメージをもつことができず、やり慣れた遊びに戻っていっている。保育者は「この環境設定は空振りだった」と反省し、その日はとくに子どもを誘ったりせずに他の遊びにかかわっていった。

　せっかくの共通体験をむだにしたくないという保育者の願いはわかる。子どもの体験が体験に終わることなく、それを自分なりに表現することは子どもにとっても喜びであり、保育者がその場を意図的に提示することは必要である。しかし、次の点で保育者と子どもたちの間にズレが見られたように思う。

・保育者は自分の願いを「環境構成」という形で具現化して子どもたちを迎えたが、子どもたちのなかに「水族館ごっこをしたい」という内的な動機が高まっていなかった。

・保育者自身の水族館ごっこのイメージも豊かではなく、水生生物を空き箱でつく

ることに限定されていたために、子どものなかからそれ以外の遊びのイメージを拾うことができなかった。

シュウの発言に見られるように願いを前面に出しすぎて環境構成をつくりすぎたとはいえないか。一般的にはｂとｃのやりとりの間でイメージは熟成されていくが、あまりに保育者が環境を先につくりすぎたために、モノをつくることから遊びのイメージが広がることがなかったようである。

保育者の計画的な環境の構成は、あくまでも子どもの内的動機に即していなければ、子どもの主体性を引き出しつつ新しい遊びに出合わせることはできないのである。

（2）必要な経験を導き出す

別の事例と比較して、実態に基づく環境構成とは何かを考えてみよう。次にあげるのは同じように水族館に遠足に行ったあと、保育者の環境構成によって遊びが展開し長く続いた事例である。前の事例と何が違うのか。遊びの展開と保育者のかかわりに目を向けて分析する。

この園の水族館遠足は週の半ばであった。その前週はイモ掘り遠足があったり、避難訓練日に消防自動車が園に来たりした週で、担任は前週のクラスの実態を次のようにとらえている。

〈水族館遠足前後の日程〉

	月	火	水	木	金	土
10/28 〜 11/ 4 〜 11/11 〜	イモ掘り遠足	イモの絵を描く	水族館遠足		落ち葉拾い	避難訓練 焼きイモ

指導案1-2　　　　　10月28日からの週の週案

〈10/28の週の実態〉

今週、もっとも強く感じたのは次の2点である。

①個々の表現力の伸び　　②友だちへの関心の高さ

①について。イモ掘り遠足後のイモの絵の具の絵、"でぶいもちゃん ちびいもちゃん"の歌を自信をもってみんなの前で1人でうたう姿、避難訓練後に見た消防自動車のクレヨン画など、感動体験を自分なりに表現する喜びを感じていたのではないかと思う。表現に必要な技能を身につけつつあること、タイミングよく表現媒体が提示されたことなどがよくマッチした。遊びにマンネリやつまずきを感じていたときでもあり、個々の表現する力を伸ばすことは今、必要なことである。

②について。これまで友だちへの関心というと自分の気に入った友だちに対してだけであったが、クラス全体に目が開かれはじめている。（例：10/22-火……いつの間にか砂場に大人数が集まった。10/25-金……他クラス相手にサッカーゲームでクラス全員が力を合わせた）それにイモ掘りや消防自動車見学など共通の体験が重なり、自分が描いた絵を友だちはどう描いたかな、○○君の消防自動車はかっこいい、など共通の基盤があることで互いの関心が高まっている。

〈ねらい〉

・共通基盤（体験）を楽しんでほしい。

・自分なりに表現したり、みんなのなかで自己発揮したりする喜びを感じてほしい。

・そこから派生するさまざまな遊びは共通の体験に支えられているわけだから、日ごろの友だち関係を超えて関心を示し合ってほしい。

〈環境の構成〉

・一人一人の表現がみんなのなかに位置づくような環境構成（例：絵を貼る、壁面を使って遊ぶ、等）

・水族館遠足がそのときだけの経験にならないよう事前の指導によって期待感を高めておく

・もっとも適切な表現媒体は何かを遊びのなかで探っていく（例：水族館遠足のあと、魚が描きたいのか、魚になりたいのか、等）

　水族館遠足の体験を生かしたいという願いは前述の担任と同じである。しかし願いのもち方が異なるために、環境構成に対する構えもまったく異なっていることがわかるだろう。前者では子どもの遊びが停滞している姿を活性化したいと思い、水族館の経験を遊びへの環境刺激としてとらえた。つまり、遊びのテーマが行き詰まっているのだから、新しい遊びとして水族館に関する遊びがはじまるとよいと考えた。子どものなかに遠足の経験がどのように残っているかを探るまえに、子どものいない間に水族館の雰囲気を出す環境を整えて、翌日を迎えた。

　一方の後者の担任は、前週の遊びの様子から、何が育っていて何が不足の経験なのかを読み取り、この時期の水族館遠足という機会は子どもたちにとってどのような意味をもつのか、ということを考えている。「これまで友だちへの関心というと自分の気に入った友だちに対してだけであったが、クラス全体に目が開かれはじめている」という育ちから、「共通基盤（体験）を楽しんでほしい。自分なりに表現したり、みんなのなかで自己発揮したりする喜びを感じてほしい」という願いをもち、「一人一人の表現がみんなのなかに位置づくような環境構成」が大切だと導き出している。そして、水族館ごっこは遊びのきっかけであって、そこから遊びは広がりを見せるだろうと予想し、「もっとも適切な表現媒体は何かを遊びのなかで探っていく」という構えをしっかりもって、翌日の保育にのぞんだのである。

　そして翌日の保育の記録を次のように書いている。

> ### 記録1-8
>
> 　昨日の感動をどの程度残しているか、と思いながら子どもたちを迎える。コウジが"家でお魚描いてるんだよ"と言って来る。タケシはパンダイルカを描いてもってくる。お土産のパンフレットが刺激となって"表現したい"という気持ちが描画に向けられている様子。壁面に貼ってあった消防自動車をはずしかけていたが急いで全面をはずして青いビニールを敷き詰め、海の雰囲気を出す。コウジ、ミチハル、カンタ、カズキ等が魚をどんどん描いて貼っていく。魚を動かせるようにテグスを用いてやったのが楽しかったのだろうか。

　その後の遊びの展開は次ページの記録1-9のようである。主な子どもの遊びの流れを抜粋してみると、唐突に新しい動きが生まれるのではなく、何らかのきっかけがあって、イメージが連鎖しながら遊びが展開していることがわかる。

　a　「魚をつくって飾る」「飾った魚を動かして遊ぶ」

b 「潜水艦をつくって動かす」

c 「自分たちがダイバーになって海のなかで遊ぶ」

d 「魚になりきる子どもとダイバーの戦いごっこ」

e 「大型積み木で潜水艦をつくる」

f 「近くに海賊船もでき、潜水艦の子どもと戦いごっこ」

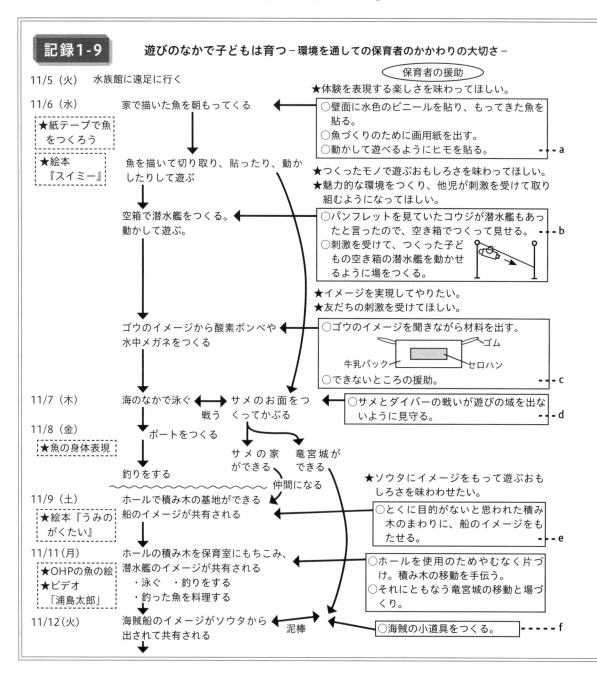

記録1-9　　**遊びのなかで子どもは育つ－環境を通しての保育者のかかわりの大切さ－**

保育者の援助

11/5（火）　水族館に遠足に行く

★体験を表現する楽しさを味わってほしい。

11/6（水）　家で描いた魚を朝もってくる
○壁面に水色のビニールを貼り、もってきた魚を貼る。
○魚づくりのために画用紙を出す。
○動かして遊べるようにヒモを貼る。　　　- - a

★紙テープで魚をつくろう
★絵本『スイミー』

魚を描いて切り取り、貼ったり、動かしたりして遊ぶ
★つくったモノで遊ぶおもしろさを味わってほしい。
★魅力的な環境をつくり、他児が刺激を受けて取り組むようになってほしい。

空箱で潜水艦をつくる。動かして遊ぶ。
○パンフレットを見ていたコウジが潜水艦もあったと言ったので、空き箱でつくって見せる。　- - b
○刺激を受けて、つくった子どもの空き箱の潜水艦を動かせるように場をつくる。

★イメージを実現してやりたい。
★友だちの刺激を受けてほしい。

ゴウのイメージから酸素ボンベや水中メガネをつくる
○ゴウのイメージを聞きながら材料を出す。
牛乳パック　ゴム　セロハン
○できないところの援助。　　　　- - c

11/7（木）　海のなかで泳ぐ　戦う　サメのお面をつくってかぶる
○サメとダイバーの戦いが遊びの域を出ないように見守る。　　　- - d

11/8（金）　ボートをつくる
★魚の身体表現

サメの家ができる　竜宮城ができる

釣りをする　仲間になる

11/9（土）　ホールで積み木の基地ができる　船のイメージが共有される
★ソウタにイメージをもって遊ぶおもしろさを味わわせたい。

★絵本『うみのがくたい』
○とくに目的がないと思われた積み木のまわりに、船のイメージをもたせる。　　- - e

11/11（月）　ホールの積み木を保育室にもちこみ、潜水艦のイメージが共有される
・泳ぐ　・釣りをする
・釣った魚を料理する
○ホールを使用のためやむなく片づけ。積み木の移動を手伝う。
○それにともなう竜宮城の移動と場づくり。

★OHPの魚の絵
★ビデオ「浦島太郎」

11/12（火）　海賊船のイメージがソウタから出されて共有される　泥棒
○海賊の小道具をつくる。　- - - - f

a→b　体験した水族館を「つくる」行為を通して再現。つくるイメージの広がり。

b→c　つくったモノを動かすうちに「動く」という行為のイメージの派生。（ダイバーになって泳ぎたい、魚になって泳ぎたい）

c→d　日ごろ行っている遊び（戦いごっこ）とのイメージの重なり。（ダイバーと魚の戦い）

子どもは何を経験していたか

ア．先週、イモ掘りと消防自動車試乗のあとに、体験を絵に描く遊びに喜んで取り組んだ。今回も遠足という共通体験を生かし、一人一人が体験を何らかの形で表現するおもしろさを味わってほしいと思った。体験が共通のものであれば、個々の表現が個々のなかで終わらず、友だちの関係を呼び、遊びのテーマとして生かされたり、友だちから刺激を受けて取り組むきっかけになるのではないかと思った。

イ．タケシの絵が壁面に貼られたために、遊び仲間であるヒロシたちがすぐに魚の絵を描きはじめたのだと思う。その後の酸素ボンベづくりでも、タケシ、ヒロシ、リュウスケ、ヒロトの４人は友だちのもっているものと同じモノをもちたいという思いでつくっていたのではないか。そのあと、身につけて遊ぶ姿があまり見られなかったのは、遊びに必要だからという思いが薄く、友だちがもっているからほしかったためではないか。動きのイメージをもたせるような援助が不足していた。

ウ．このなかでヒロシが仲間から離れても自分のイメージを次々に展開している姿はこれまでにない姿である。

エ．ゴウはイメージを実現するおもしろさや、それが他児に伝わって遊びが広がっていくおもしろさを味わっている。

オ．コウジはこれまでに積み木で何かをつくってもつくったままで終わりだったり、何かを身につけて遊ぶことが嫌いだった。ミチハルの刺激を受けながら、自分のイメージが次々に実現し、遊びが展開していくおもしろさを味わうことができた。ソウタも同様。

カ．ユリコ、アンナの２人も常に２人の行動だったが、潜水艦の仲間になれたことで、他児から刺激を受けていろいろなモノをつくった。はじめての経験。

キ．２学期に入っても不安定だったトモコも、海のなかという楽しい雰囲気と自分も見てきたことからはじまった遊びということで、友だちのなかでも安定して過ごすことができた。

☆　子どもの興味とともに遊びが変化し、環境を取り込んでいく。この環境の取り込みによって、次の遊びが方向づけられている。

　　　d→e　　遊びの拠点の必要性の発生。（積み木の潜水艦）

　　　e→f　　1つの拠点から触発され、別の拠点をイメージ。（潜水艦から海賊船へとイ
　　　　　　メージの連鎖）

　　保育者は「体験が共通のものであれば個々の表現が個々のなかで終わらず友だちの
関心を呼び、遊びのテーマとして生かされたり、友だちからの刺激を受けて取り組む
きっかけになるのではないかと思った」と記録しているが、この一連の遊びにはクラ
スのほとんどの子どもがかかわりをもった。記録1-9を見るとわかるように、遊びの

指導案1-3　　　　**11月11日からの週案 − 11/5（火）～ 11/9（土）の生活する姿から −**

〈実態把握〉

●水族館の遠足の翌日（11/6）、家から魚を描いてくる子どもがいた。イ
モ掘りのあとのときもそうだったが、体験を自分なりに表現する喜び
を感じている。その後、壁面が「水の中」のイメージになったことから、
さまざまな魚をつくる（10人）→潜水艦（動かして遊ぶ）（5人）→
潜水メガネやボンベをつくる（11人）→魚になって動いたり、潜った
まねをして遊ぶ（6人）→大型積み木で船をつくる（魚釣りをする、
　　　　　　　　　　　　料理をする、海賊船になる）（10人）
　　　　　　　　おとひめ様になって遊ぶ（4人）
というように、次々にイメージが展開し、少しずつ遊びが変化してい
る。1週間近く、連鎖して遊ぶことができているのは、
　①自分の思いを遊びのなかで表現するおもしろさを味わっている。
　②それが環境の変化として具体化されるために、他の子どもに伝わ
　　りやすくなっている。
　③好きな友だちと（安定して）遊ぶ楽しさを味わう。
　④1つのテーマ（雰囲気）で遊ぶことがおもしろい。
　⑤友だちが身につけたり、つくったりしていることをまねしたい。
という子どもの育ち方と深くかかわっている。

●水族館から派生した一連の
遊びにかかわったのは4/5
の子どもだが、はじめから
ずっと遊びのイメージを持
続させているのはコウイチ
とヨシハル。その他の子ど
もは晴天が続いていること
もあり、主に園庭で気の合
うグループの仲間と砂遊
び、サッカー、縄とびをし
ている。気の合う友だちと
のつながりを楽しんでいる
が、保育室の約半分を占め
ている海の遊びの拠点が、
心理的に興味が薄れた子ど
もを、園庭に出しているの
かもしれない。

●一連の上述の遊びにかかわらなかったのは
ヒロヨ、トモ……ようやくすみれ組の友だちと遊ぶおもしろさを感じ→
　はじめている。2人で砂遊びをして充足している。

ハツミ、マユ……縄とびへの興味が強い。海の遊びに入っていきたい→
　気持ちはあるが、言い出せないのかもしれない。

ケイジ……フミとの関係で戸外遊びが多く、保育室内の遊びの刺激を
　受けにくい。

ナオユキ、ヤスヒロ……様子は見ているが、この遊びにかかわらず、
　なりきって遊ぶことができにくい。友だちと遊びたい気持ちは
　強くなってきて、海の遊びをしていない友だちを砂遊びに誘う
　姿が見られた。

ヨシアキ……やっと自分を表出することに自信ができた状態か。→

> 今気に入っている遊びを楽し
> んでほしい。

> 他児の刺激を素直に受け入れ
> たり、自らかかわっていく姿
> 勢を育てるにはどうしたらよ
> いか。

> 遊びの幅を広げるにはどうし
> たらよいか。

> 今やっている遊びのなかで自
> 分を十分に出してほしい。

展開に応じて保育者はきめの細かい援助をしている。放っておいたのではこのような
展開にはならなかっただろう。もちろん、1つの遊びが発生したとき、多くの子ども
がそこに参加する遊びが「豊かな遊び」なのだといいたいわけではない。時期による。
この事例の場合はクラスの友だちに対する関心が高まっているという育ちを踏まえる
と、多くの子どもが「水族館遠足」から連鎖させて自分なりにイメージをもって環境
にかかわって遊びを生み出しており、保育者が願っているような経験を満たすことが
できたのではないかと思われる。

2年保育　年少すみれ組　在籍33名

〈環境のポイント〉
○コウイチ、ソウタ等が、引き続き海の遊びの
なかでイメージを展開していく遊びが楽しめ
るように、彼らのイメージが実現できるよう
にしていく。
　　（素材のアイディア、それらしく見える
　　環境へと再構成）
○興味があるのにかかわっていけない子ども
を、受け入れる素地をつくっていく。（ナナ
エへの対応）
○海遊びへの興味の推移を見ながら環境を変化
させていく。
○自由に受け入れる雰囲気をつくっていく。
○焼きイモ以降、落ち葉を拾ってきて見立てた
り、保育者の落ち葉の話をとても楽しみにし
ている姿がある。海の遊びへの興味が薄れた
子どもが、あらたに新しいイメージで遊びを
展開していけるように場を確保する。
○他の子どもからの刺激を受けにくい子どもが
いるので、遊びにかかわるテーマの絵本や話
をすることで、共通の雰囲気を味わってほし
い。

〈ねらい〉
・自分の思いを出しながら、気の合う友だちとの
遊びを楽しむ。

〈経験してほしいこと〉内容
ⅰ　友だちとの遊びのなかで自分のイメージ（思
い）を出し、実現させていく楽しさを味わう。
ⅱ　友だちのやっているおもしろそうなことをや
ってみようとする。
ⅲ　遊びに必要なモノに気づき、用意したり、つ
くったりする。
ⅳ　クラスのみんなが1つのことに心を寄せる楽
しさを知る。

●保育者の前日の話を覚えていて、翌日の続きの
話に集中することができる。
●花の水やりや、小動物の世話を積極的に手伝う
子どもが増えてきた。クラス内のつながりが強
くなってきたときでもあり、みんなで世話をし
なければならない、という生活意識が見られる。

11月	12火	13水	14木	15金	16土
安全指導				弁当なし	

　保育者は「そこから派生するさまざまな遊びは共通の体験に支えられているわけだから、日ごろの友だち関係を超えて関心を示し合ってほしい」とも願っており、遊びが広がりを見せたことは、単に遊びが持続したとか、テーマ性が豊かになったことを指すのではなく、充実した遊びのなかで経験できる事柄が大切なのである。

　充実した遊びのなかで経験できる事柄として重要な柱と思われるのは「友だちとのかかわり」と「モノやこととのかかわり」である。記録1-9の「子どもは何を経験していたか」という欄の「イ.」の遊びでのとらえを見てみよう（p.51）。

　ヒロシたちの遊びでは友だちの絵が壁面に貼られていたことや友だちがもっているモノと同じモノをもちたいという気持ちに動機づけられていたようで、「友だちとのかかわり」への比重が大きい。その反面、「そのあと、身につけて遊ぶ姿があまり見られなかった」とあるように、「モノやこととのかかわり」においては動機が薄いという課題が見られた。「充実した遊び」においては「友だちとのかかわり」も「モノやこととのかかわり」にも高い意欲が見られる場合が多い。

　これらの推測された経験から翌週のねらいを立てるわけだが、ここではねらいを達成するために（p.52指導案1-3）、人とのかかわりに関する経験内容（ⅰ・ⅱ）とモノやこととのかかわりに関する内容（ⅲ）の両方を押さえている。

　必要な経験を導き出すときには、この2つの柱ははずしてはならないだろう。

　保育者の援助がずれるときはどんなときか。2つの事例の比較から明らかになったのは、ズレの多くは「遊びが盛り上がるためにはどうすればよいか」という保育者の思いのほうが先行するときである。子どものその遊びへの動機が十分に高まっていなかったり、その遊びにおける経験内容の把握が不十分であると、援助は適切に行われない。

　保育者は、子どもが遊びのなかで、どんな経験をしているのかを子どもの姿のなかから探る。そのうえで、具体的な援助の方策を考える。このサイクルが子どもの歩みとともに行われるとき援助は生きる。

第 2 章

保育記録から生まれる指導計画

I 保育に生きる記録とは

1. 保育記録の目的

　保育記録の目的は、記録者が「誰か」「どのような立場か」によって多様であるが、保育の当事者である保育者（とくに担任）が記す場合、子どもの育ちを把握し保育をよりよいものにするためといってよいだろう。保育という営みは生活の主体者である子どもと保育者とが共に織りなすものである。望ましいと思われる生活を保育者が勝手に構想し環境を整えたとしたら、それは子どもにふさわしい生活とはならないだろう。つまり、子どもの主体性が尊重され、しかも発達に必要な経験が積み重ねられるような保育を展開するためには、まず、子どもを理解することからはじめなければならない。保育を記録するという行為は、その理解を促し深める行為である。

　平成元年の幼稚園教育要領改訂以降、指導計画に対する考え方が変わったことで、保育記録はますます大切といわれるようになった。幼稚園教育指導資料集『指導計画の作成と保育の展開』には「幼稚園における指導計画は、各園で編成される教育課程に基づいて、幼児一人一人が幼児期にふさわしい生活を展開して発達に必要な経験を得られるようにするために、幼児の姿の予想に基づきあらかじめ具体的なねらいや内容、環境の構成、教師の援助など指導の内容や順序、方法を明らかにしたもの」[1]とし、子どもの生活する姿に応じて指導計画を作成しなければならない、と述べられている。言い換えれば、適切な指導計画を作成するためには子どもの生活する姿を的確に把握する必要があるということである。このことについては同書に以下のように続けられている。「幼児の生活する姿を捉える手掛かりは、日々の保育の記録から得られることが多い」。

　問題は「何を」「どのように」記録すれば保育に生きる記録になるか、ということである。筆者自身も保育経験が浅いころにはその日の出来事を記録してはいたが、翌日の日案はそれとはまったく関係なく、保育雑誌などから引用していたことを思い出す。多くの記録は慣例で書かれていたり、子どもの姿の羅列に終わっていたりして、

1）文部科学省『指導計画の作成と保育の展開（平成25年7月改訂）』フレーベル館、2013、p.34

そこから読み取れることは少ないように思える。ほとんどの保育者は記録が必要だということはわかっている。にもかかわらず、ほとんどの保育者がどのように記録すればよいか悩んでいる。1つには、保育における記録をとる行為の意味を保育者自身が明確にもっていないこと、2つには、そのために保育に生きる記録の視点を明確にもてないでいるためではないだろうか。

　保育記録は大切な保育行為の一部である。煩雑で多忙な日々のなかで記録に費やす時間には限界があり、時間との関数のなかでいかに効果的な記録を書くかは保育者の課題といえよう。時間をさいて記録を書くのだから、書いたものがむだにならず保育に生きる記録になるようにしたいものである。

　保育に生きるとは2つの意味を含んでいる。

　第1に、記録が次の保育構想につながるということである。小川博久は「「指導計画」を立てるという仕事は、保育者が一人ひとりの幼児の明日の活動をどう予測し、それにどう備えていけるかを、過去の幼児の行動を振り返ることで構想することである」[2]と述べている。保育という営みは、子どもと保育者が共に織りなしてつくりあげるものであって、保育者が勝手に構想するものではない。小川は「幼児の行動を振り返ることで構想する」とし、保育は子どもを理解することのうえに成立すると述べている。「過去の行動を振り返り」、次の行動を予想することを長期的、かつ的確に行うためには文字化された記録が必要となる。

　第2に、記録することによって自分の保育に対する枠組みを自覚し、広げることである。反省記録は保育終了後に保育を思い出しながら記述されることが多いので、自分の保育のありようが保育記録に反映される。したがって、記録をとってそれを読み返すという行為は自分の保育の枠組みを知る行為でもある。

　本章では、筆者の保育者歴3年目の記録と8年目の記録の比較を試みてみよう。3年目の筆者の保育者としての意識は「一斉活動をどうスムーズに展開するか」というところにあった。8年目には、子どもの遊びの様子をじっくりと見て、そこで子どもがどのような遊びの課題（以下、遊び課題と呼ぶ）をもち、仲間とかかわりをもっているかをとらえようとしていた。記録に自分の保育観が反映されることは、書いているときには気づかない。「読み返す」ことによって気づく。

　また、文字化された記録は子どもに対する理解を広く園内で共有する貴重な資料となる。基本的に遊びを中心とした保育では、子どもはクラスの枠組みを越え、「どこでも」「いつでも」「誰とでも」遊びを生み出す。とくに砂場やホールなど、クラスや

　2）小川博久／スペース新社保育研究室編『保育援助論 復刻版』萌文書林、2010、p.77

年齢を越えて子どもが出会えるスペースでは、異年齢の子どもが混じり合って遊ぶ姿も見られる。子どもの主体性が尊重されるほど、こういう状態が生まれる。クラスの担任以外の保育者も援助することが当然起こる。そのときに自分のクラス以外の子どもに対しては何も援助ができないというのでは困るわけで、お互いに、その子どもをどう理解しているのかを共有していることが望ましい。そのために記録は保育者間の大切な情報として共有される必要がある。保育記録は、保育者個人の机の引き出しに保管されていることが多い。共有のスペースに保管し、誰でも見られる工夫をすることもよいだろう。直接、記録を共有しないまでも、記録をもとに十分に子ども理解を深める話し合いをもつこともよいだろう。

　本書の目的は遊びを中心とした保育の指導と展開について言及することであることから、本章ではとくに、子どもの遊びの姿を記録する際の視点とそこから次の保育を考える手続きを明らかにしていきたい。

2．保育記録と保育の関係性

（1）保育者の目を通した理解

　特別な場合（研究保育など）を除いては、保育者が保育中に記録をとることはむずかしく、日々の記録は保育後に1日を振り返り「思い出しながら」書く。

　ある場面やある行為を「思い出して記録する」ということは、保育者が1日のさまざまな事柄のなかからその場面や行為に注目し、何らかの意味で記録する必要があると感じているということである。逆に言えば、思い出され、記録された事柄は、保育者が1日のさまざまな事柄のなかからその場面や行為に注目していることにほかならず、保育の展開と深いつながりがある。つまり保育記録は、子どもの生活を把握し子どもを理解するためのものであるが、同時に保育者自身が保育のなかで何を大切にしているかという保育観を見つめるためのものでもある。

　したがって保育記録は、ただ事実を客観的にとらえて記録するだけではなく、保育者としてどうかかわったかなど、関係性のなかでその事柄をどうとらえたかという保育者の解釈を盛り込むことに意味がある。

　筆者は保育者になりたてのころ、クラス全員が1つの遊びにまとまりやすい姿を肯定的にとらえていた。ところが先輩の保育者から、それは一人一人の子どもが自分のやりたい遊びを見つけていない姿だと指摘されたことがある。同じ姿を見ても、保育者の見方によって「見え方」は異なる。記録に残される子どもの姿は、それぞれの保育者の子ども観や保育観というフィルターを通して「理解された」ものなのである。

（2）保育記録にあらわれる保育観

　先に述べたように、ここでは筆者がはじめてクラス担任をしたときの保育記録を通して、そのころの自分の保育観や保育のあり方の問題を明らかにしたい。

記録2-1

2年保育　4歳児11月

　動物のオリをつくろうという働きかけをしてから、年長組の「動物園ごっこ」を見に行ったので、多くの子どもがオリがどのようにつくられているかをしっかり見てきていた。しかし、戻ってきてからの一斉活動では6名の子どもがつくらなかった。ダイスケとアツコは一斉活動に抵抗を示している。拒否が続かないようにスムーズに入れる手だてを講じなければならないと思う。

　動物園づくりは、この3日前に紙を用いた立体の動物づくりを担任がクラス全体の活動として投げかけたことで始まった遊びである。さまざまな動物ができあがったのでオリをつくり、さらに発展させたいと保育者は考え、ちょうど年長組で行われていた動物園ごっこを見に連れて行った。担任は年長組の動物園から刺激を受け、オリづくりを自分たちの遊びの課題にしてほしいと願っていた。それをベースに記録は書かれているので「しっかり見てきていた」「6名の子どもがつくらなかった」という表現になっている。

　「しっかり見てきていた」という表現からは動物園を楽しそうに見ている子どもの

様子が推測できるが、そのことが自分たちのオリづくりにどうつながっていったのか、どのようにオリづくりに取り組んでいたのか、という点については触れられていない。また、「6名の子どもがつくらなかった」という部分では、どうしてつくらなかったのかという内面にまで理解が深まっておらず、一斉活動に抵抗を示しているというよ

記録2-2		反省記録	
	学年会での打ち合わせ　　5/19遠足　　5/22誕生会		
	5月20日（木）	5月21日（金）	5月22日（土）
		遊戯室での遊びを知る	誕生会に喜んで参加する
子どもの活動	○好きな遊びをする ・紙製作（輪つなぎ） ・中型積み木（ブロックでつくったロボットの基地として） ○新聞紙で遊ぶ 　ちぎる→雪 　　　→ワンピース、ウサギの目などつくって身につける ○片づけ （タオル）	○楽器で遊ぶ（カスタネット） ○保育室内の生物（カニ、オタマジャクシ、ハムスター）に関心をもつ ○遊戯室で遊ぶ ・表現遊び ・巧技台で遊ぶ ・大型積み木 ・簡単な巧技台（くぐる、とびこす）	○集まる ○楽器で遊ぶ（中心は鈴） ○誕生児を祝う（キクコ、アキラ、ショウタロウ） ○誕生会に参加する ・映画を視聴する ○保育室に戻る ・うがい、手洗い ○おやつを食べる（ヨーグルト） ○好きな遊びをする （タオル、上靴） －11:20
指導上の留意点	○新聞紙ちぎりは、すでに経験ずみの子どもには、さらにイメージのわく言葉がけをして「見立て」るようにし、はじめての子どもにはちぎる解放感を味わわせるように働きかける。	○積み木は積み木置き場のそばではなく、遊戯室の真ん中に出てつくれるよう、保育者がつくりはじめの子どもを中央まで誘導する。 ○2階のトイレを使ってよいことを知らせる。 ○巧技台の設定 30cmで	○おやつ（ヨーグルト）はできるだけ食べられるようにしたいが、無理はしないで楽しめるようにする。 ○映写のために暗くなるので不安定にならないように事前に話をしておく。
反省	○雨が降ったためか、子どもたちは落ち着きがなかった。新聞紙ちぎりの活動もワサワサした雰囲気のなかで終わってしまった。	○遊戯室で遊ぶ楽しさを知らせるため、巧技台を使ってくぐる、とびこす運動をみんなで行う。理解に個人差があり、運動の目的が3つ（はしごをくぐる、ビームをとびこす、壁にタッチする）になると、ヨシト、トモコなどはやり通すことができなかった。みな楽しそうであり、積み木に取り組もうとする子どもはいなかった。	○昨日に引き続き、楽器の自由打ちをする。持ち方についてはいっさい指導をせず、楽しみをもって楽器にふれることをねらいとした。ブロックに取り組む子ども（ジュンイチ、アキヒト、ダイスケ、コウジ、モリオ、サトシ）を除いては全員が楽器にふれ、音を出すことができた。ピアノに合わせて自由に打つ以外に全員が乱打する状態になるとうるさがる子どもがいる。

うな表面的なとらえ方になっている。これらの記述からは保育者である筆者が「子どもたちの遊びをどう展開させたい」と考えているかについて知ることはできても、子どもたちが動物園づくりのどこにおもしろさを感じ、どのような遊び課題をもっているかを知ることはできない。

　子どもは周囲の環境との相互関係のなかで遊び課題を見出し、自発的に行動するようになる。子どもの遊びの自発性を大切にするならば、子どもの遊び課題をどう読み取るかがもっとも重要な保育者の役割であるし、そう思っているならば記録に残されるはずである。このころ、筆者は子どもの遊びを自分のイメージで引っ張るような保育を展開していたと思う。

　前ページの記録2-2は5月末の反省記録の一部だが、21日は遊戯室で行った身体活動の記録、翌日は楽器遊びの反省である。

　毎日の記録の量も少ないうえに、いわゆる一斉活動に関する記録で終始している。当時は1日の生活のなかで自分にとって一斉の活動の比重が大きかったことがわかる。

　もちろん、一斉の活動も遊びと生活を豊かにするために重要な要素であるが、ただ「進め方」について反省するのではなく、それと遊びとの関連や子どもの育ちとの関連について振り返らなければならなかったのだろうと思う。

　自分の過去の記録を読み返し、そのときどき、自分が大切にしていたものは何かということを分析してみるとよいだろう。そうすることによって、現在の自分の保育観が鮮明になってくる。

3.「遊び」の読み取り

（1）遊びの動機を読み取る側面から

　子どもの遊びを援助しようとするとき、まず、子どもがなぜその遊びに取り組んでいるのかを知る必要がある。遊びの定義で述べたように遊びを遊びとして成立させる大きな要因は子どもの「自発性」である。子どもは周囲の何らかのモノや人、ことなどから刺激を受けて、心を揺り動かされ、行動を起こす。保育者は子どもが何によって突き動かされたか、つまり遊びの動機を知ることによって、よりその興味関心を高めるような適切な援助をすることができる。

　運動会に向けて5歳児女児5名が踊りを考えて踊っている。「お姫様の踊りだから」と言ってカラービニール袋でドレスをつくり身につけている。それを見ていた4歳児が自分たちにもビニール袋を出してほしいと担任に要求してくる。4歳児は5歳児が身につけているドレスに憧れをもったのである。担任は5歳児の自尊心も考え、少し

短めのかわいらしいドレスをつくってやる。4歳児は「大きくなったら年長さんみたいな、もっとすてきなドレスで踊れる」とますます憧れの気持ちを強くもち、5歳児のそばで見よう見まねで踊りを覚えようとしていた。もし、同じ5歳児の女児がドレスをつくりたいと言ってきたならば、異なる対応をしただろう。仲間意識が強くもてるように同じ素材を提供したかもしれない。あるいは踊りのメンバーと新たに入りたいと申し出た女児とのそれまでの人間関係について熟考し、仲間入りそのものについて考えさせたかもしれない。保育者は子どもの主体性を尊重するという名のもとで、すべてを受け入れればよいわけではない。その子どもにとってどうかということを考え判断しながら、援助の可能性を探る。

　子どもが遊びはじめたときに、何に動機づけられているかを知ること、つまり子どもの関心の方向を知ることによって、適切な援助の方向を探ることができる。

　以下の記録は前述の記録2-1（p.59）から5年後の記録である。子どもの遊びの動機をどのように読み取ろうとしているのかを見てみたい。

記録2-3

2年保育 4歳児12月

　戦いごっこをしていたタツヤと遊びが見つからなかったヤスアキ、ダイトが床にはいつくばって電車ごっこの行き先を遮る。遊びが充実していないためにとった行動ととらえて、このはいつくばる遊びをおもしろくするために、画用紙で耳としっぽをつくってやった。もともと仲間関係が安定している子どもたちなので、そこから次の行動のイメージを広げて遊びはじめる。カスミたちのお家ごっこの飼い犬になる、電車の客になる、など。降園になると耳としっぽをロッカーに大切そうに置いて帰る。

　保育者はヤスアキたちが電車ごっこの邪魔をする行動をとるまえに何をしていたかを踏まえて、その行為を「遊びが充実していないため」と理解した。そして友だちの遊びの邪魔をする行為そのものを問題にせず、なぜそのような行動をとったのかを考え、「床にはいつくばる」という動きそのもののなかに、子どもの遊びのおもしろさを見出そうとしている。そして、そのときに行った犬になりきるためのイメージづくりの援助（耳としっぽをつくってやる）は、降園前の動きを見るかぎり適切だったと思われる。

　このような子どもの動きに沿って遊びのどこにおもしろさを感じているかを探り、援助の可能性を見出そうとする視点は記録2-1には見られない。翌日以降の記録を見てみると、子どもの遊びの展開を注視し、遊びのおもしろさがどのように変化していくかを探り，それが仲間同士でどのように共有されているかを記録に残そうとしていることがわかる。

　「登園するとすぐに耳としっぽをつける。（…中略…）遊びに自分なりの方向を見出しているか」「仲間同士の会話を全部"ワン"ですましており、なりきって遊ぶおもしろさを共有している」

　子どもの遊びのおもしろさを注視すれば、同時に子どもの遊びを連続的にとらえようとするようになる。たとえば「耳としっぽをロッカーに大切そうに置いて帰る」という行動を記録することは翌日の遊びの予測を含む。記録2-1のころの保育記録は単発的であるのに、記録2-3のころの保育記録は数日間にわたって遊びの変化を追っている。そしてそのことは保育の在り方に反映されている。
　遊びのおもしろさを連続的に読み取るというのは、ただ単に1つの遊びを追い続けるということではない。犬ごっこのその後の記録を見てみよう。

　3日間、犬ごっこをしていたが、今日はお面も耳も1回もつけない。朝から前日に教育実習生が提案してくれた紙バネの製作をしている。遊びの中身は犬ごっこから紙バネづくりに移っていったが、仲間はそのまま同じメンバーで動いており、会話も活発にしている。

　この記録からは、犬ごっこの遊びは終わっても、その遊びのなかで得られた経験（仲間と同じ振りをして動くおもしろさ・仲間とのつながり）が連続していることがうかがえる。
　紙バネづくりの提案は実習生が考えたもので、子どもの遊びのなかから生まれたものではない。このように園生活のなかでは偶発的に遊びが生まれることがあるし、子どもの遊びの流れのなかに無意図的に刺激が与えられる出来事（園に突然誰かが訪ねてきたり、何かが持ち込まれたり、など）もある。盛り上がった遊びであっても興味は次第に薄れていくもので、遊びは偶発的な出来事をきっかけにしてその方向を変えてしまうこともある。その際に、1つの遊びが続くことだけに目を向けていると、子どもの行動を肯定的に受け止められなくなる。
　ヤスアキたちの一連の遊びの経緯を見てみると、遊びのおもしろさは次の2つの要

素に支えられていることがわかる。

●遊び課題

　その遊びそのものが顕在的にもっている特性で、子どもの遊びを動機づけているもの。この場合、犬のような動きを模倣すること・犬の耳やしっぽをつくって身につけること等。

●仲間関係

　遊び課題を共有し合う遊びの仲間。この場合、遊びが見つからないときに共にふざけあったり、犬になりきって仲間のやりとりを楽しんだり、次のバネづくりを一緒に取り組む仲間。

　保育者は子どもたちが感じている遊びのおもしろさを支えている「遊びの課題」が、どのように変化していくかを把握し、それとともに仲間関係のなかでおもしろさをどう共有し、やりとりしながら遊びを展開していっているのかを把握することで援助の方向が見えてくる。

（2）経験の蓄積を読み取る側面から

　遊びのおもしろさがどう変化しているかだけを追っていくと、近視眼的な援助になる傾向がある。保育者の仕事は、子どもが遊びのなかで経験していることを発達に必要な経験として積み重ねられるようにしていくことである。そこで、遊びのなかで経験していることは何かを読み取る側面が大切となる。

　1つの活動は、その顕在的な意味と潜在的な意味を子どもにもたらすといわれている[3]。顕在的な意味とは、その活動であるからこそ経験できることである。たとえばリレーごっこという遊びでは、体全体を動かして遊ぶおもしろさを味わうことができる。その経験は「折り紙を折る」という活動では経験できない。一方、折り紙を折るという活動のおもしろさは手順を知ってやり遂げたり、正確に同じ形をたくさんつくりあげるところにある。リレーごっこにはリレーごっこの、折り紙の活動には折り紙を折ることのそれぞれの活動そのものがもっている可能性があるのである。

　もう一方の潜在的な意味とは、仲間関係が安定するとか、自己を主張することの喜びを味わうとか、活動のもつ特性を超えて、子どもの社会情動的な側面に変容をもたらすものと考えられる。前ページの犬ごっこでは犬になって友だちと振りを楽しむことは活動の顕在的な意味だが、それを通して友だち関係が安定したというのは活動の潜在性ととらえられる。潜在的な経験は活動の内容が変わっても連続していくもので

　3）小田豊「子供がつくりだす遊び」『幼稚園じほう』（10月号）全国国立幼稚園長会編、1996

あるので、犬ごっこから紙バネづくりへと遊び課題は変わっていっても経験としては
つながっていくものである。この潜在的な経験はいわゆる非認知能力の育ちにつなが
るものであり、子どもが能動的な学び手として育つために大切なものである。

（3）読み取りの視点

　遊び課題の連続性と新たな課題の萌芽、また、経験の連続性と潜在性は、子どもの
行動の表層をとらえただけでは読み取ることはできない。子どもの何らかの行動に注
目し、行動の意味を「推察」しなければならない。1つの行為にはさまざまな推察の
可能性がある。そのなかから何を選択するかは、繰り返しになるが「保育者の目」に
かかっている。

　「保育者の目」とは何か。それは保育者が保育を営む当事者である以上、「子どもの
成長・発達を願う目」になる。つまり、ここで行われる推察は子どもの成長・発達に
向けた保育者の願いを含んだものとなる。

　保育の起点となるのは、子どもが遊びのなかで経験していることの読み取りである
が、それを「Aかもしれない、Bかもしれない……」とさまざまに推察し迷っている
ことは保育の現場では現実的ではない。保育者はとりあえず推察し、援助の可能性を
探る。もちろん、保育は迷いの連続であって、迷いのない保育者は思い込みで保育す
る危険性がある。迷いがあるから修正ができる。「Aだと推察して、さらに必要な経
験をとらえて援助をしたが、Bの可能性があるので援助の方向を修正した」というよ
うに常に読み取りは修正され続ける。

　「保育記録には子どもの姿をありのままに書きなさい」と言われることがある。「あ
りのままの姿」といっても、それは子どもと保育者の相互作用のなかで「保育者の目」
がとらえた姿であることを自覚するべきである。そのうえで次のような視点をもてば、
保育記録は次の保育に生きるものになると考える。

- 子どもの行為から、子どもが遊びのどこにおもしろさを感じているかを2つの視
　点（遊び課題と仲間関係）から読み取ろうとしていること。
- また、遊びの経過を連続的に注視し続けるなかで、子どもがそこで何を経験して
　いるのかを遊びの顕在的意味・潜在的意味の両面から読み取ること。
- これらの読み取りのうえで、保育者の子どもに対する「願い」が何らかの形で示
　されていること。
- 「願い」の根拠となる事実関係を子どもの行動からていねいに拾おうとしている
　こと。
- 子どもの行動をとらえたうえで、願いを修正する過程が読み取れること。

II 保育記録のなかの計画性

1．短期の計画と長期の計画

　指導（保育）計画には短期の計画（活動・日・週の計画など）と長期の計画（月・期・学期・年の計画など）がある。

　短期の計画は、保育の進行と同時につくられる。したがって、日案が何日もまえにすでにつくられていることはあり得ない。日案ならば前日か前々日に子どもの姿をベースに作成される。週案ならば、前週の終わりに作成される。子ども理解のうえに成り立つのが保育であるから、できるだけ子どもの姿に添う保育を展開しようとすれば、子ども理解を深める必要がある。つまり、保育の計画と保育記録は切り離せないのである。

　ところが、長期の計画は多くの場合、その園独自のものとして、すでにできている。年度が終わったあとに修正されることがあるが、あまり頻繁ではない。保育は子どもと保育者の双方の営みであるといいながら、なぜ、長期の指導計画はあらかじめ作成されているのか。それは、短期の指導計画とは異なる役割を担っているからである。すなわち、短期の指導計画とは、目の前の子どもの生活を構想するためのもので、長期の指導計画とは、その構想が近視眼的にならないように発達の長期的な見通しをもち、短期の指導計画を絶えず方向づけるためのものである。5歳児なら5歳児の一般的な発達を押さえて立てられる長期の指導計画からは短期の指導計画のような個別性や即時性は導きにくい。

　長期計画を意識しないで短期計画を立てれば、それは"木を見て森を見ない"ようなその日暮らしの保育になるし、短期の指導計画に具体化されていかない長期の指導計画は"絵に描いた餅"のようなものである。長期的な見通しのなかで短期の計画は立てられ、その実践から長期の計画は修正されていく、つまり、互いに循環性を保ちつつ保育は展開していくのである。

　保育者の頭のなかに長期的な発達の見通しがなければ、前節で触れたようにその日の子どもの実態を適切に把握することも、「願い」をもつこともできない。新任の保育者が、子どもの育ちをつかみきれずにバタバタと追われるように日々を送ることに

なってしまうのは長期的な見通しがもてないためなのである。経験豊かな保育者の頭のなかには長年の経験から子どもの発達と保育のあり方の指標のようなものができあがっており、それが文字化された長期の指導計画の代わりに機能して子ども理解を助ける。たとえば以下は、筆者自身が２年保育に携わっていたとき、指標としていた印象的な保育記録である。

記録2-4

4歳児5月末：怪獣探しのイメージがクラスに広がり、ほとんどの子どもが参加。望遠鏡を持っていることが仲間入りのシンボルになっている。**すぐにつくれて身につけられるものが大切**か。

4歳児9月：プール遊びが終わるとすぐに、仲のよい友だちがかたまり、遊びの続きをする。

4歳児2月：宇宙船ごっこが3週間も続き、その日の遊びの様子を絵本にして読み聞かせると、とても喜ぶ。**それがもとになってクラスの話ができあがる。**

5歳児4月：なんとなく遊びが充実していないように思える。年長になったのだから……と思う保育者の気持ちと子どもの姿との間にズレがある。

5歳児6月：誕生会に男児6名がＯＨＰを使って宇宙の話をつくって見せる。ストーリーを考えてから絵を描くのではなく、6名が勝手に宇宙の絵を描きはじめる。**ストーリー性のある音楽をかけたところ**、音楽係、ロケットを動かす係等、自分たちで進め方を決めて準備するようになった。

5歳児10月：運動会に向けてクラスの枠をはずして係り活動を行ったためか、3クラスが入り混じって、リレーをしたり鬼ごっこに誘い合ったりする姿が多く見られるようになってきた。

5歳児11月：水族館に遠足に行ったあと、見てきたことを再現しようとする動きがまたたく間にクラス全体に広がる。ここを水族館にしようという**クラス全体への投げかけ**に対して、とても意欲的に取り組む。

　その年によって流行する遊びは異なるし、その年の子どものカラーというものがあるので、何年、保育に携わっていても新しい気持ちで子どもたちと出会い、新しい生活を送るのが保育者である。しかし、こうして過去の保育を振り返ってみると、結果

として記録2-4の傍点部分のような育ちはどの年にも共通して見られるし、それによって太字で書かれたような指導上の配慮を自然にしていることに気づかされる。

たとえば4歳児5月の記録のように、このころの子どもは他児と同じモノをもって歩いたり、同じものを身につけたりすることで仲間意識をもちはじめるが、9月には仲間意識がしっかりもてるようになる。そして2月の記録にあるように、そのつながりがクラス全体への親和感を育んでいく。そして5歳児になると、遊びが充実したり停滞したりすることを繰り返しながら、10月の記録にあるようにクラスの枠を越えて生活を営むようになる。

長期の指導計画と短期の指導計画との関連というと身構えるが、このように保育者のなかには子どもの育ちを見通していこうとする長期的な視点が備わっていて、その目を通しつつ子どもの「今」をとらえていこうとするのである。

ではどうしたら長期的な育ちの見通しをもちつつも、それに縛られず目の前の子どもの育ちを的確にとらえられるようになるのか。それは、記録をとり続けることである。記録をとることによって、保育者のなかの子どもを理解するまなざしが深まってくる。

保育者は表2のようにさまざまな種類の記録を書き残すが、もっとも身近なのは毎日の保育記録（反省記録）であろう。これは日案のベースになるもので、子どもを理解することから指導の方向を導き出すという思考プロセスを身につけるのに、最適な記録と考える。

〈表2〉 保育記録のいろいろ

種　類	い　つ	何を？
日の記録	保育終了後	・1日の子どもの生活する姿と援助の反省を記録する。 ★子どもが遊びのなかで、何を経験したのかを探り、記録することによって、翌日の指導の方向が見えてくる。
週の記録	週末	・1週間の子どもの生活を振り返り、遊びの流れやそこで何が育ったかを記録する。 ★個々の子どもをとらえるだけでなく、クラス全体の成長・発達が見えてくる。
期や学期の記録	期の終わり 学期末	・週の記録をまとめることで、発達の筋道が見えてくるとともに、長期的な見通しがもてる。 ★一人一人の子どもの変容も明らかになる。
個人記録	随時	・日の記録や週の記録のなかから、一人一人の子どもの記録を追ってまとめる。 ★集団のなかで一人一人がどのように育っているのかが見えてくる。
活動記録	随時	・あるまとまった活動を追って、その活動の意味や、そこで子どもが何を経験していたのかを記録する。 ★活動の特質を理解したり、教材を解釈する力がつく。

2．日の記録の実際

（1）事実把握と実態把握の違い

　「事実を羅列しているだけの記録が多い」と書いたが、それは次ページの記録2-5のように「どこで」「何をしていたか」という記述に終わっているような記録のことである。記録2-5の場合は入園直後の記録で、事実を書き留めることがとても重要な時期ではある。なぜならば、はじめて出会う、行動パターンもわからない大勢の子どもと一時に向き合ったとき、保育者はまず、すべての子どもの行動の事実を情報としてすばやくインプットしなければならないからである。とくに入園最初の1週間は、すべての子どもが取り組んでいた遊び名だけでもメモすることで、次第にそれぞれの子どもの特徴が見えてくる。しかし、このような混沌とした時期を過ぎても、事実だけを羅列した記録を書き続けていたならば、それ以上に子ども理解を深めることはできないだろう。

　事実を拾うことは大切なことだが、それだけで終わっていたのでは、保育を構想するための生きる記録にならない。このことについて司馬遼太郎が次のように述べている。私たちの仕事は小説家のようにフィクションを創造するのではなく、子どもの現実にしっかり向き合うのだから、解釈が異なる部分もあるが、筆者はこの文章に触れたとき、事実をとらえることと実態把握との違いについて、共通したものがあると感じた。少し長くなるが引用したい。

　　（前略）……史料というのはトランプのカードのようなもので、カードが勝負を語るものでないように、史料自体は何も真実を語るものではない。決してありません。史料に盛られているものは、ファクトにすぎません。しかし、このファクトをできるだけ多く集めなければ、真実が出てこない。できるだけたくさんのファクトを机の上に並べて、ジーッと見ていると、ファクトからの刺激で立ち昇ってくる気体のようなもの、それが真実だとおもいます。

　　ただ、ファクトというものは、作家にとって、あるいは歴史家にとって、想像の刺激材であって、思考がファクトのところにとどまっていては、ファクトの向こうに行けない。そのためにも、ファクトは親切に見なければいけないと思います。[4]

　4）司馬遼太郎『手掘り日本史』集英社、1980、p.48

| 記録2-5 | 1週間の個人記録の一部 | | |

日 保育時間 入園式後 男児	4/11（水） 1時間	4/12（木） 1時間	4/13（金） 1時間
1　H男	絵を描く。	床上積み木。	ままごとに入って粘土遊び。
2　R.A	ブロック。	園服を脱ぎ、ブルーのブロックを重ねる。	カラー積み木でK.Gにダメと言われる。
3　M.M	表情変えず粘土。	T夫の粘土遊びを見て笑う。	元気な声であいさつ、T夫のあとを追って歩く。
4　T夫	粘土でチンチンをつくり見せる。	粘土で宇宙人をつくる。	カラー積み木をS.Sから取り上げ、ダメと言われ「かせ」とぶつ。2人泣かせる。

　記録2-5に当てはめてみよう。H男の行動欄には次のような事実が記録されている。1日目「絵を描く」、2日目「床上積み木」、3日目「ままごとに入って粘土遊び」。この事実を見てみると、事実の量が少ないので明確ではないが、徐々に動きはじめているH男の様子が浮き彫りなってくる。初日は1時間の保育時間の間中、机に座って絵を描きながら、周囲の様子を見ていたのかもしれない。不安で「座っている」ことで安定を図ろうとしていたのかもしれない。2日目は積み木を積み重ねて遊んだのだろうか。徐々に形を変えていく積み木に心を動かされたのだろう。そして3日目には自分からままごとのコーナーに入っていった。きっとそこでは他児との出会いもあり、言葉のやりとりも生じただろう。単に絵を描いていた、床上積み木をしていたという事実だけを並べていたのでは意味がないが、それをつなぎ合わせて見つめるとそこにその子どもの内面が浮かび上がってくる。それを読み取ることが大切であるし、そのために事実は必要なのである。

　事実（どこで誰と何をしていたか、など）と事実の間の行間から子どもの内面（興味関心の変化・遊び課題・遊びにおける経験・周囲の環境へのかかわり・他者へのかかわりなど）を読み取っていくこと、それが実態把握である（次ページ図3参照）。

　「どこで」「何をしていたか」で終わる記録ではなく、そこから読み取れる子どもの内面を記録しておくことで、子どもの内面の延長線上の必要な経験を導き出すことができる。では、内面をどう読み取るのか。言い換えれば、事実と事実をどのような視

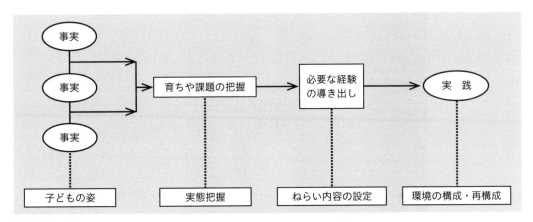

〈図３〉　事実と実態把握の関係

点でつなぐかということだが、遊びを中心とした保育においては、p.64で述べたように「遊び課題」と「仲間関係」の視点は欠かすことができない。

（2）日の記録のとり方のポイント

　日の記録は文字どおり毎日書くものであるから、負担にならないことが大切である。本来、保育に生かすためにある記録に振りまわされるのでは本末転倒であり、できる範囲で必要なことを的確に書き残すことが望ましい。記録が事実の羅列だけで終わらぬように次の３点を大切したい。

①いつ、どこで、だれが何をしていたか

②どのように遊んでいたか（遊び課題と仲間関係）

　　“それぞれの場所でどのように遊んでいたのか”を記録することによって、子どもの姿が生き生きと浮かび上がる。

③そこで子どもたちが経験していたことは何か。さらに必要な経験は何か（顕在的経験・潜在的経験）

　　行動をとらえただけでは、子どもの育ちを読み取ることはできない。一歩進んで、「そのなかで何を経験していたのだろう」という、子どもの内面を推察したことも書き込むようにする。

　次ページの記録2-6は①の視点「いつ、どこでだれが何をしていたか」だけをア〜オとして記入したものである。先にも述べたように、①で終わっていては保育の方向性は導き出せない。

　以下、記録2-6に付記されていた視点の②「どのように遊んでいたか」と、③「そこで子どもたちが経験していたことは何か。さらに必要な経験は何か」の記録について〈エ〉の遊びを例にとって見てみよう。

記録2-6

カズキ、アンナ

ロッカー　⑦

製作コーナー

ゲームの棚

カーペット　⑦

ユウイチ、ヤスアキ

水道

はねつき

ヨシヒロ、タケシ、ヒロキ

アンナ

アカネ

ピアノ

おうちごっこ
↓
病院ごっこ

⑦　ハナエ　サオリ

⑦　基地ごっこ

コウイチ、ナオキ

（砂場から）コウジ、ミチハル

⑦　戸外で〜　エツミ、マイ、ナオコ ＝ イクコ ＝ トモコ、アユミ

〈エ〉おうちごっこ→病院ごっこ（ハナエ、サオリ）

①ハナエ、サオリがピアノ近くを囲いおうちごっこをはじめる。
↓

②はじめの30分間は２人でパズルやカルタをしていた。そのうちピアノのうしろに家をつくりたいと言ってきたので「ピアノのうしろにはモノが置いてあるから」と言ったところ、２人で棚とゴザを準備して場を囲った。近くに２学期末に自分で片づけたごっこ遊びに使った救急箱があり、「病院は今度、靴を脱ぐことね」と病院のイメージが再び浮かび、共有された様子。「薬をつくる材料ください」と要求してくる。今日は材料を準備して終わりになった。
↓

③冬休み明けで久しぶりに会ってうれしいのだろう。２人の関係を楽しんでいるようである。２学期にやり慣れた遊びにとりかかることで園生活を思い出すだけで終わる遊びなのか、再び病院ごっこへのイメージが高まっていくのか、イメージの展開を見守っていきたい。

　3学期始業式の翌日なので、遊びはまだ定まっていない。気の合う友だちとして安定している2人は設定されていた正月遊びに取り組んだりしていたが、次第に遊びに必要な場をつくろうという気持ちになる。子どもの遊びは「仲間関係」と「遊び課題（イメージに基づくモノや環境へのかかわり）」の2つの軸が絡み合って展開することが多い。①から②へと記述を深めていくときに、この2つの軸を頭に入れておくとよいだろう。

3．さまざまな記録の様式

　記録に盛り込みたいことは時期によっても子どもの育ちによっても異なる。入園当初の子どもだったら、記録2-5（p.70）のように遊びの課題は何かというよりも、一人一人の子どもがどう安定し心の拠り所を見つけていくか、ということに目を向けたいだろう。5歳児ならば遊びは持続的になり、その持続している遊びの展開を記録することが重要だろう。記録したい内容によって、書きやすい様式というものがあり、1つのパターンに決めることはできない。

　「記録したい気持ちが大切で、記録の形式はどうでもよい」と言う人もいる。もちろん保育のなかで子どもの姿に心を動かされ、「このことを記録に残したい」と思うことが一番大切であるが、記録の形式によって「見方」が規定されることもある。記録の目的をしっかりもち、子どもの姿に合わせて柔軟に様式を使い分けることが望ましい。次にあげるような何種類か記録用紙をあらかじめ用意して置き、それぞれの様式がもつメリット、デメリットを押さえながら、時期や日によって使い分けるようにするとよいだろう。

（1）週日案の反省記録 ──1週間の流れをつかみやすい様式──

　次ページの表3は一般的な週日案の様式である。多少の違いはあるかもしれないが、多くの保育者はこのような様式を用いている。この様式の特徴は計画と実施後の記録とが1枚の紙面上にまとめられている点である。表3におけるAはその日の計画の部分である。保育後、その日の保育の反省がB欄に記入される。そしてBをベースにして翌日のAが計画される。（このプロセスについては後述）。

　もちろん保育は偶発的な出来事によって流れが変わっていくことがあるので、Aの部分は即時的に修正されていくが、多くは前週の末に1週間のその日の保育の主な流れが書き込まれる。表3に記入された矢印のように、前日にAを修正しながらA′の指導上の留意点を書き込む。そして、保育終了後にBの部分を書き、適時そのあとA

〈表3〉 週日案の形式

	月	火	水	木	金
A 子どもの活動					
A' 指導上の留意点					
B 反省記録					

が修正されてさらに書き込まれていくのである。

　この様式のメリットは1週間の保育の流れがとらえやすいという点である。デメリットは反省記録の欄が紙面の関係上、狭くならざるを得ない点である。

　不思議なことだが人間は枠にしばられがちである。枠が決められていると、何も書きたいものがなくても枠内を埋めようとするし、逆に書きたいことがたくさんある日でもその分量だけで収めようとする心理が働く。記録をコンスタントに書く習慣がついていない保育者のなかには1週間分をまとめて週末に穴埋めするようにまとめ書きしている人もいて、記録の意味をしっかり押さえる必要性を感じる。

　とくに近年は、パソコンで表をあらかじめ作成していることが多い。手書きにしろ、パソコンを使用するにしろ、その日の書きたい気持ちに合わせて、横のスペースを自由自在に操作するようにすれば、この形式のデメリットは克服できるだろう。「記録を書く」という思考プロセスを追うと、枠の柔軟性というのはとても大切であることに気づく。

　反省記録の欄に「何を書くか」ということが重要になるわけだが、前項で述べたように、子どもの姿を羅列しただけでは、矢印に印しているような方向性、すなわち、翌日の計画の土台となるような記録とはならない。保育は子ども理解のうえに保育者

の願いを重ねて環境を構成することによって展開するものだ。その展開が連続的であればあるほど、子どもの育ちに即した保育展開となる。保育を前日から翌日へとつなげる見方を身につけるためには、記録をぶつ切れではなく、事実把握、読み取り、援助の方向の３つがめぐるように心がけて書いていく（図４参照）。

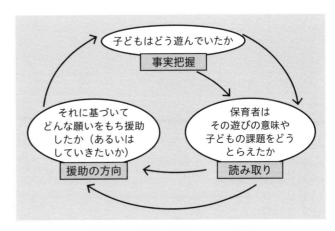

〈図４〉　反省・記録の３つの視点

　では、何から書くかであるが、自分の琴線に触れたことを中心に残したいことをまとめていく。すると、そこから派生して次々に他の遊びや他児のことも書きたくなるのである。そのように書き残していくうちに、自分がとくに注目したい点や、その年に重点的に押さえておきたい点が明確になることがある。そのような動機の高まりがあったときは、柔軟に様式を変化させていくとよいだろう。次ページの記録2-7は、筆者が友だち関係の形成に関心をもっていたときに従来の週日案の欄に手を加えて使っていたものである。

　この年、年長組の35名の子どもを担任していた。１クラスの人数が多いと遊びの数が多くなり、全体がどうかかわりをもちながら動いているのかが見えにくくなる。どこのグループの関係性は安定していて、誰が遊びから抜ける傾向なのかもあいまいになりがちだった。そこで、反省記録の欄を２つに分け、上部に子どもたちの仲間関係を図示することにした。

　一番気になっていた子どもは、ジュンイチ、ケンタである。他児からいつも離れて遊んでいるのが気になっていた。１月17日も18日も一緒に迷路書きをしている。しかし、記入するまで気づかなかったのだが、ヒデヒコ、サチオが彼らの仲間に入ったり、次の日は他の遊びにかかわって再び戻ったりしており、他児の遊びと２人の遊びをつなぐ役割を担っていた。２人が閉ざされた関係でなく、開かれていることがわかった。

　下部の記述の部分には、１日ですべての子どもの遊びを記入することは不可能であるし、それを実行しようとすれば記述はきわめて薄いものになってしまい、事実の把握、読み取り、それに基づく援助の方法をつなぐ厚い記述はできない。しかし、とりあえず、仲間関係を図示するだけでも記述しきれない子どもの動向だけは押さえておくことができる。この図示は、年齢が低くてかかわりが単発的な時期にはむずかしい

が、5歳児のようにある一定の期間、安定した仲間関係で遊ぶようになる時期には有効だと思われる。

　反省記録には全員の子どもの様子を書くことはできないが、友だち関係の変化だけは継続して記録することによって把握することができた。「園で用紙が決まっているから」とか「長年、使っている様式だから」と惰性で書かず、自覚的に使いこなしたい。

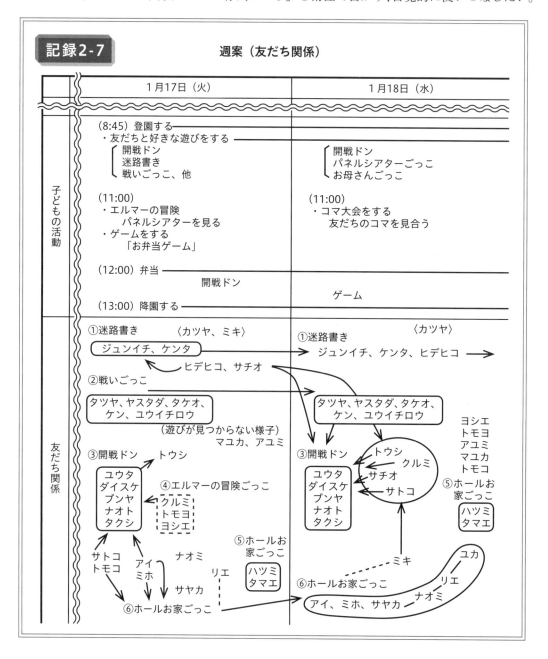

記録2-7　　　週案（友だち関係）

（2）保育マップ型記録 ──全体を俯瞰しやすい様式──

　これは同時進行で展開する複数の遊びを把握するには、もっとも有効と思われる様式である。遊びの状況を1枚の地図のなかに書き込むような形式なので、「保育マップ型記録」と名づけた（記録2-8参照、p.83で詳述）。

　この様式の特徴は遊びを空間的にとらえているという点である。紙面の中央に子どもが遊びや生活を展開する環境図をあらかじめ書いておき、そこに誰と誰が何をしているかを記入する。さらに彼らが「どのように遊んでいたか」「何を経験しているのか」などをできるだけ詳しくAの部分に書き込む。それをもとに、それぞれの子どもや遊びのグループにさらに経験させたい内容をBの部分に書き込み、翌日の具体的な援助の方向をC欄に記入する。

　この様式のメリットはクラス全体の遊びを俯瞰することができるという点と、実態把握から必要な経験の導き出しの道筋がクリアになるという点である（このことについては後述）。デメリットはクラスの遊びが継続的でない場合はこの様式を使用できないということである。遊びの様子をある場面で切り取るわけだから、遊びがすぐに変わっていくようなときには適用できない。また、年齢が低い場合、1つの遊びがそう

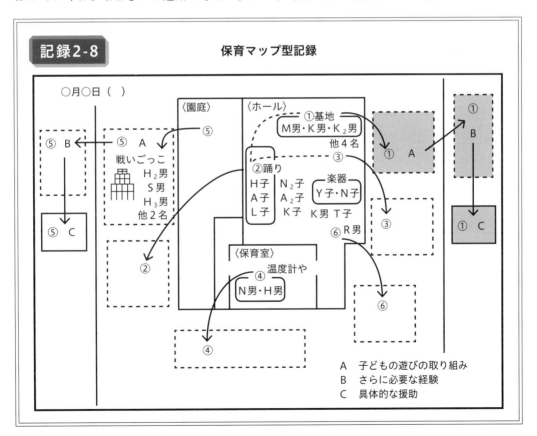

記録2-8　　　　　　　保育マップ型記録

〇月〇日（　）

〈園庭〉　〈ホール〉
①基地
M男・K男・K_2男
他4名
②踊り
H_2子　N_2子
A子　A_2子
L子　K子
楽器
Y子・N子
K男　T子
⑥R男

⑤ A
戦いごっこ
H_2男
S男
H_3男
他2名

〈保育室〉
温度計や
④
N男・H男

⑤ B
⑤ C

A
B
① C

A　子どもの遊びの取り組み
B　さらに必要な経験
C　具体的な援助

長くは持続しないので有効ではない（保育マップ型記録について詳しくは後述）。

（3）個人記録 ――一人一人の育ちや課題を読み取りやすい様式――

　個人記録を書いている保育者は多い。年度末には成長の記録である幼児指導要録を記入しなければならないこともあり、個々人の記録は必要な記録である。とくに前述したように年齢の低い子どもは個々の行動の特徴を押さえる必要もあるので、毎日の記録を積み重ねることに意味がある。しかし、遊びが集団で行われるようになり、人との関係性のなかで一人一人が自己を発揮するようになると、1人の動きだけ取り上げて書き出すことができにくくなる。そのような場合は、無理に毎日個別に記入するよりも、あるまとまった期間の生活を振り返って（たとえば1週間ごととか1学期間ごと）、その子どもの成長をまとめなおす、というほうが有効であると思われる。実際の例を見てみよう。

　次ページの記録2-9は、3年保育4歳児進級当初の個人記録である。ある研究会に資料として提出されたものだが、この記録を書いたB先生は新しく担任になったクラスについて、「個々の子どもの把握から取りかからなければならなかったので、個々の子ども全員に対して記録をとるようにした」と述べている。そして、この様式で記入することのメリットを次のようにあげている。

　　・一人一人の子どものその日からの様子がわかること
　　・誰の読み取りができていて、誰はできていないかということが自覚しやすい
　　・次の日の保育に反映しやすい

　B先生の言うように、個々の子どもの特徴をできるだけ早くつかまなければならない年度当初には、このような日々の個人記録は大変有効であることがわかる。もちろん、毎日すべての子どもの記録を残すことはむずかしい。記録2-9にもところどころ空白の部分が見られる。B先生がその日、十分に見取れなかった子どもたちなのだろう。空白があれば、翌日はその子どもをよく見ようという意識が働くだろう。

　ところが、しばらくこの様式で記録していたB先生は、次第に不都合を感じるようになる。そして「子どもの姿がばらばらに記録してあるので、その日の遊びの種類や分布、人間関係、それらの推移は読み取りにくい」ことから、記録2-10（p.80）のような表を編み出している。一画面のなかに、その日の複数の個人記録と各個人の1週間の記録をおさめたものである。

　A児の記録を見てみよう。4月24日には担任とのかかわり、翌日には保育補助の保育者と担任とのかかわりが記入されている。そして、1週間のまとめには、「保育者がみんなから見える場所でA児とかかわりをもつことで、周囲の子どももA児にか

記録2-9	個人記録　1

4月10日（火）・片づけの積み木の並べ方が昨日と違うことを気にしている。今日は今日のやり方でいいことを伝えるとやりはじめる。

A	B	C	D
・裏のグローブジャングルで遊ぶ。中庭からその姿が見えるため、他の子どもが集まってくる。5～6人の友だちに混じってグローブJで遊んでいるが、やり取り等は見られない。	・ZZと一緒に砂場を掘って遊ぶ。温泉をつくりたい。	・内→外でのままごとから裏山でのそり遊びへと移る。	
E	F	G	H
・X、Uと一緒に電車の本に没頭する。 ・後半積み木に移るが、井型ブロックも捨てきれない。	・Lと一緒にコマをまわしていたが、あきてきたところC先生がXたちの電車の話とつなげて積み木遊びへ移行。 ・しっかりと迷路で遊ぶ。	・ままごと。まず落ち着いてから遊びはじめる感じ。ワイワイはしない。	
I	J	K	L
・ままごとを中心にして遊びに出ていく。赤いスカートがお気に入り。 ・製作コーナーでの飾りづくり。 ・ステッキづくり。	・マルチパネルを使用してコースをつくって遊ぶ。	・自分の興味に向かって集中して取り組む。 ・Tの言うことを軽く流す。 ・チョコレート屋さん ・年長の庭	・Fと一緒に積み木のコースで遊ぶ。 ・イニシアティブはLのほうがもっている。 ・片づけも楽しむ。
M	N	O	P
・自分で道具を出して家をつくったりしてた。ビールケースで囲ったり。		・室内でのままごとから砂場→裏山へと出ていく。	・Zと一緒にフルーチェ、ケーキ、デザートをつくって遊ぶ。型に入れた砂をひっくり返して形をつくることを楽しんでいる。
Q	R	S	T
・始めは遊びをじっと見ているだけだったが、保育者に「ドロ団子をつくりたい」と言ってきたので、一緒につくると、真剣にとり組んでいた。友だちとのかかわり広げたい。			・Wと一緒にたこ焼き屋さんを続ける。Wが主導権。2人でいることで落ち着けている。
U	V	W	X
・電車の本、井形で遊んでいる間は落ち着いている。集まったときに、はしゃぐのがクセになっている。		・Tと一緒にたこ焼き屋で遊ぶ。Tとのかかわりが中心になる。自分のほうが主導権にぎる。	・電車の本と井形ブロックで遊ぶ。 ・保育室においてあるパペットに一番興味をもっている。
Y	Z	ZZ	
・小屋のそうじから始まる。その後、砂場で遊ぶ。	・Pと一緒にフルーチェ、ケーキ、デザート、etc.をつくる。型に入れた砂をひっくり返して形にすることを楽しむ。 ・片づけを楽しんで行う。	・砂場で温泉を掘って遊ぶ、深い穴を掘る。	

・Fは几帳面な性格なため、周囲の状況等をよく見ている。今月はコマ遊びから入ったが、途中からC先生が、電車の本を見ていたX、E、Uの話に合わせて、電車の話があきてきたタイミングで積み木に移行。「鉄橋をつくる」という話から鉄橋、トンネル、etc.をつくる。そこへFを引き入れる。F自身も後の会話を聞いている。新しいことに挑戦するパワーがないので、何でもできるんだということを伝えたい、とC先生。
・X、U、Y等、集まるときにはしゃぐのがクセになっているし、それを注意もされてこなかった。年少、新入が入ってくることを課題にして、「他の人が困ることをしない」「今、どうすればいいのか」を考えられるようにする機会にしていきたい。（勝負必要か）

（東京学芸大学附属幼稚園小金井園舎/中野圭祐教諭記録より一部抜粋）

記録2-10　　　　　　　　個人記録　2

	A児	B児	C児	D児	E児	F児
4月21日	登園してくるともも組のままごとコーナーで遊びはじめる。もも組のアイスクリームに興味を示し、遊ぶ。ゆり組に帰ってきてからは、ZZ児、Y児が遊んでいたレストランの席にX児と一緒に座っている。何となく友だちと一緒にいることはあるが、一緒に遊んでいるという感じではない。人形のユーリに興味を示している。	アスレチックで遊ぶ。高いところから飛び降りようとしていたので注意する。			菓子箱をつなげて電車に見立てて遊ぶ。ただつなげただけなので、もっとイメージが入れられるように一つ一つを紙で包んで色をつけたり、タイヤをつけたりするなどの案を提供していきたい。	積み木を電車に見立てて遊ぶ。Y児に何もしていないのにぶたれ、泣く。その後しばらく突っ伏していたがもくもくと積み木を片づけはじめる。積み木に向かうことで自分のなかで気持ちに折り合いをつけようとしている姿が見られた。
4月22日						
4月23日						
4月24日	保育者と一緒に弁当をもってピクニックに行く、保育者と動きが合ったり、自分の動きを保育者がまねをしたりすることを楽しんでいる。とくに牛乳を飲むという動きが気に入っている。場所をブランコの位置から中庭に移したことで、J児、S児も仲間に入って、一緒に遊ぶことができた。保育者がかかわりをもつことで、周囲の子どもがかかわりをもつ機会になる。		ジャングルジムで、ままごとをして遊ぶ。砂場のまわりから、拠点を移すことで、安定して遊びを続けられる。（K児、Z児、P児）	朝、保育者が設定していた鯉のぼりづくりに興味を示し、ひとまず取り組んでみる。ただ保育者と同じようにやるのではなく、自分なりに工夫して、切った紙を貼りつけたりしている。それが終わると、砂場で今日も川をつくりたいといって自分で砂場を開けはじめる。それを見て、E児、U児も仲間に入ってくる。D児が靴と靴下を脱いでいるのを見てU児も靴を脱ぎはじめる。	D児が砂場で遊びはじめたのを見て、仲間に入ってくる。川をつくる。巧技台を使ってジャンプして遊ぶ場面でも何回も跳んでいた。	欠席
4月25日	保育補助の保育者の援助で鯉のぼりをつくりはじめる。私が引き継ぐが、途中他の子どもにかかわっている間に、つくるのをやめてしまう。自分だけでつくるのはむずかしかった。			登園してからは、いつものレストランづくりを始める。自分で教材室から道具をもってきて始めようとする。積み木などもどんどん自分から入っていく。		欠席、熱
1週間のまとめ	ままごとコーナーや保育者、学生などと一緒にいることなどで安定して過ごしている。24日のピクニックでは自分なりに製作物の食材でつくったお弁当を食べたりすることを楽しんでいる。保育者がみんなから見える場所でA児とかかわりをもつことで、周囲の子どももA児にかかわりをもつチャンスになっている。	ZZ児らと一緒にグループをつくって行動することで安定している。新しい環境にも慣れてきているようで、どこにいけば何があるかは大体わかってきている。アスレチックやグローブジャングル、砂場など戸外で遊ぶことが多く移動も激しいので見落としがちになっている。	K児、Z児、P児らと一緒にままごとやおうちごっこをしたり、保育者が行っている遊びに興味をもってかかわろうとしたりしている。保育者の意図を感じ取って行動しようとする姿も見られる。	前日の経験や、楽しいと感じたことを繰り返したり、自分で遊ぶ場所をつくったりして、集中して遊びに取り組んでいる。	牛乳パックをつなげて電車をつくって遊ぶことが多い。長くつなげることに楽しみを見出している。一つ一つの車両を凝ろうとはしていない。家庭訪問からも電車にはかなりのこだわりをもっているようなので、少しずつ手を加えながら楽しみ方に幅をもたせていきたい。	登園時はまだ母離れに時間がかかるが、分かれてからは井形ブロックや手製の手裏剣などを頼りにして安定する。周囲の状況を見ながら、積み木、中庭などに出かけて行き、自分なりに楽しいと感じたことに自分からかかわりをもとうとしている姿も見られる。
	A児	B児	C児	D児	E児	F児

かわりをもつチャンスになっている」とあり、両日の保育者のかかわりの意味を重ねてみることができる。この連続して見るという視点は、記録2-9ではもちにくい。記録2-10の特徴といえよう。B先生自身もこれで、1週間のなかの変化がわかりやすくなったという。

　その後もB先生は工夫し続ける。今度は子ども同士のかかわりが活発になり、個人の枠が邪魔になりはじめる。柔軟な枠取りの表をつくり直すが、6月以降は個人記録の形式ではなく、保育マップ型記録を利用するようになっている。B先生のように、記録用紙のもつメリット・デメリットをつかみ、「理解したいこと」に応じて様式を使いこなすことが大切である。

（4）日の経過記録 ——1日の流れがつかみやすい様式——

　年齢や時期によっては、1つの遊びが1日中続く場合もあるし、続かない場合もある。保育マップ型記録は、1枚の写真のように、紙面上に全体の遊びの様子を記入する方法なので、ほぼ同じメンバーで何日間か同じ遊びが持続する場合に有効だが、そうでない場合はむずかしい。1日のなかでもメンバーが入れ替わったり、遊びの内容が変化していく場合、保育者が把握しなければならないのは、「なぜ変わっていくのか」という子どもの内面の動きである。そのためには「変わっていく」という事実をとらえることがまず重要である。さっきまでそこで遊んでいた子どもがなぜ他の遊びに移ったのか、いつ遊びが変わったのかがわからないのでは、援助の方策を立てることはできない。変化をとらえるまなざしを磨くのに有効なのが、次ページの記録2-11のような遊びの変化がとらえやすい経過記録である。

　様式の原理は保育マップ型記録と変わらない。中央に子どもの遊びの様子と詳しい内容を書くが、環境図ではなく、時間の流れを追って、遊びがどのように変化していったのかを記入する。子どもは意識・無意識にかかわらず、互いに影響を及ぼし合いながら遊びを展開していく。この記録をとり続けていくと、誰と誰が刺激し合いやすいのか、どういうときに遊びが合流しやすいのかが見えるようになってくる。

記録2-11　　　　経過記録の例

９月27日（金）欠席…ケイタロウ、アユミ

朝の取りかかりがよい。昨日の続きをしたいという強い思いをもっている様子。ほとんどの子どもが昨日の弁当の前の遊びに取り組んでいた。しかし遊びはもう３日目を迎え、昨日のような盛り上がりを見せないまま。園庭に巧技台が出たことや忍者ごっこへの方向づけがなされたことで遊びがバラバラになってしまった。

・カスミがお城をつくりたいと言う。私はその言葉に反応してしまった。ホールに行くしかないなあと思って「ホールへ行けば」とすすめた。ハナエはマイに誘われて園庭へ。もしかしたらカスミのイメージで遊びが進められることに不満があったのかもしれない。

・お城をつくったまではよかったのだが、そのあとカスミとサオリは巧技台で遊んだりして、おもしろくなかったのかもしれない。エツミは私にお腹がいたいと訴えにくる。しばらくおまじないをかけたりしてかかわっていたが、まだ痛いと言ってくる。真剣に「ホント？ それともウソコ？」と問いつめてしまった。私に遊びのなかのドロドロを救ってもらいたかっただろうに……。そのあと涙を浮かべて、お母さんに会いたくなっちゃったと言ってきたエツミ。忙しく遊びを見まわっていて、ホールでの遊びの展開をうまく見取ってやれなかった。

エツミたち、このころ私としっくりいかない。もっと接しよう、もっととともに遊びを受け入れよう。

8:50　おどりごっこ

カスミ ── サオリ
コウジ
色水
エツミ マイ ナオコ
アカネ
ミチハル
クニコ ナオキ ユウイチ
ユリコ アンナ
ハナエ
コウイチ
ヤスアキ
ヨシヒロ タケシ ヒロキ ヒロト
カンタ
忍者の修行場
シンゴ アユ
リュウスケ ヒロシ トオル
保育者

10:40　片づけて集まる
11:00　新しいグループを決めよう
11:30　弁当
12:30　降園準備
13:10　降園

・ケイタロウが休みなのでクニコは目的をもてないと思ったが、色水やりたいと言ってきて、ナオキ、ユウイチとほぼ１時間遊ぶ。場づくりに積極的にかかわっていくことができる。

ソウタ ヒロコ トモリ トモコ カズキ

・タケシは「先生、基地つくってね」と言いに来る。保育室につくる場はもうない。この仲間は保育者の援助なしに、剣をつくったり、走りまわったりしている。本当にこれでよいのか。
・この仲間の関係が保たれ、
・魅力的な場は必要なのか。

・くじ引き方式。保育者の意図ながら、自分の引いた帽子の色で周囲がとてもわき、喜び合う。

この活動の興味の方向を探り、環境を出す。

段ボールを提示してみよう。

4．保育マップ型記録の意味

　次ページの記録2-12は、４歳児11月のある１日の遊びの流れを記録したものだが、いくつかの遊びがときに合流し、また、そこから新たな遊びのイメージが派生して分岐している様子がわかる。このように、一つ一つの遊びは独立して展開しているのではなく、空間的、時間的に共存しながら、目には見えないつながりをもちながら展開

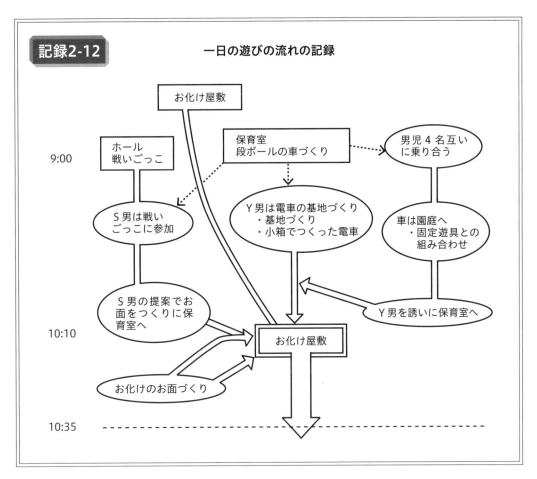

記録2-12　　　一日の遊びの流れの記録

している。クラス担任として保育を構想するには、それぞれの遊びの課題やそこでの経験を読み取るとともに、遊び同士のつながりや全体の流れをとらえる視点が求められる。

　しかし、1人の保育者が同時に進行するいくつもの遊びに1日のうちにすべてかかわることはできないので、日の記録はその日にかかわりをもったり、気になったりした子ども（あるいはグループ）に限られることになる。特定の子ども（あるいはグループ）の記録が中心になる日の記録のなかで、同時に全体の流れをも把握するにはどうしたらよいだろうか。一つ一つのグループの様子と全体の様子が俯瞰できるような記録の形式が有効だと思われる。保育マップ型記録がそれに当たる。ここでは、さまざまな日の記録のなかの1つとして先に紹介した保育マップ型記録（p.77）の意味について詳しく述べたい。

　記録の様式が記録の視点を育むと前述したが、この保育マップ型記録の様式は保育者の遊び理解において、次の2つの視点を求める。

　　・空間、場のもつ意味を踏まえ、遊びを理解しようとする視点
　　・異なる遊びのなかに共通の育ちを読み取る視点
　　p.86～87の記録2-13を詳しく見てみよう。

● 空間、場のもつ意味を踏まえ、遊びを理解しようとする視点

　子どもたちは保育室とホールの2か所に分かれて遊んでいるので、環境図も両方が書かれている。①のディズニーランドごっこに注目してみよう。はじめのうちは欠席明けで遊びに参加してきた友だちにディズニーランドのイメージがうまく伝わらず、停滞していた。それが周辺の遊びがかかわりをもつことで（②のお土産屋さんごっこが準備をはじめる。④の学校ごっこの子どもらが遠足にやってくる）、次第に遊びが動きはじめる。記録には「学校ごっこをしていた女児が「遠足」に来たことによって、客を得、イメージが広がったようだ。「ここを渡るときはジャンケンをしてください」「自動きっぷ売り場をつくりたい」などそれぞれが思いを出しながら遊んでいた」とある。

　ディズニーランドごっこはホール、学校ごっこは保育室と2つの遊びの拠点は離れているが、保育者の援助を受けながら互いの情報を取り入れて遊びを展開しようとしている。

　このように場所が離れている遊びでも見えないつながりをもつ。同じ空間の遊びはそれ以上に互いの情報を受け止め合っている。保育室の「11匹のネコごっこ」の遊びは仲間関係が希薄なこともあり、遊びがおもしろくなっていかない。すると母さん役のF子は「ネコの母さんも学校に行って勉強がしたい」と言う。近くで展開している学校ごっこから刺激を受け、停滞している遊びに「母さんも勉強がしたい」と理由づけしながら、新たな遊び課題を見出そうとしている。

　他の遊びと空間的にどのような関係にあり、どのような関係をもちながら展開するかが視覚的にとらえやすいのである。

● 保育の全体像を意識しながら一つ一つの遊びのなかに共通の育ちを読み取る視点

　保育に生きる記録とはそこから次の保育の構想が導き出せる記録である。つまり、子どもの遊びの記録から次の遊びの援助が導き出せるということである。

　記録2-8（p.77）は、保育マップ型記録を概略化したものだが、Aの部分は子どもの遊びの具体的な姿、Bの部分がAに基づいて保育者が読み取った子どもの内面と保育者の願い、そしてCは具体的な援助の可能性の記述となる。

　記録2-13（p.86～87）において、①の遊びと②の遊びはメンバーが違うし、遊びの内容も異なる。しかし、両方とも遊び慣れたメンバーと遊びの目的を共有し、イメージを発揮しているところは共通であり、仲間と考えを出しながら遊ぶ力が育っているといえる。この2つの遊びに対して、保育者は同じ「願い」をもつことが可能だろう。

同様に、保育者がかかわって遊びの流れを生み出していた④の学校ごっこ、③のネコごっこに対してはメンバー間のつながりが薄いという共通した課題を見つけ、保育者が遊びの流れを援助しながら主体的に遊びを進めていけるようにしたいという「願い」をもっている。

　このように共通した課題や育ちを括りだすことによって、保育者は一人一人の子どもに対して個別の配慮を行うのはもちろん（F男やO男、B男に対してのように）のことだが、遊びの群れに対してある一定の指導の方向性をもち、全体の保育を構想することができる。保育マップ型記録の様式は全体像を把握するのに有効なのである。

　先にも述べたように入園当初の子どもの取り組みをこの形式に記録することは困難である。友だち関係がまだ薄く、一人一人の子どもの興味・関心はさまざまである。この時期には個々の特性が把握しやすい形式がもっとも適切だと思われる。気の合う友だちができ、グループで遊びを展開し出すと、この保育マップ型記録の意味が発揮される。

　遊びが流動的で持続しない場合、すなわち子どもが自分自身の遊び課題を明確にもつことができない場合、基本的な事実（どこで、誰が、何をしているか）さえ記入できない。子どもがいくつかの群れをつくって拠点をもって遊びはじめると、保育者は遊びに対して必要な援助は何かということを見極めることができるようになる。

　日の記録の様式を数種類紹介してきた。ほかにも読者のみなさんが独自に編み出している様式もあるだろう。どの様式も、それぞれに特徴がある。特徴をとらえ、目の前の子どもの育ちによって、今はどの様式が最適かを見極める必要がある。惰性で書くのではなく、"保育に生かす"ことを常に意識的に書く。そして書いたものを読み返す。この作業の繰り返しが子ども理解を深める。

記録2-13　　　　保育マップ型記録　2年保育5歳児6月

2年保育5歳児
さくら組　保育記録　6月8日（月）
在籍　男児21名　女児14名　計35名
本日の欠席……I男、Q男、E男、G子

| 子どもの経験 明日に向けて | 遊びの姿 |

子どもの経験 明日に向けて

・F男にとっては、遊びの幅を広げるよい機会。

★友だちの遊びに関心を示し自分からかかわっていく姿を十分に認めていこう。

・いつもの友だち関係を中心に友だちとイメージを出し合いながら遊ぶおもしろさを感じているのだろう。

★イメージを実現していく喜びを十分に味わわせたい。

今日はゲートだけ残して帰る。ここを起点に明日もこの遊びを継続するだろう。

遊びの姿

・いつもサッカーにとんでいくF男は、雨のため、けやき組のサッカー仲間としばらくホールの積み木の上に座っていたが、いつの間にか同じホールでやっていたディズニーランドごっこの仲間になっていた。ここしばらく「サッカーばかりでいいのだろうか」という思いがあったが、このようにおもしろそうな他の遊びに自分からかかわっていける姿を見て、心配することはないと思った。

・ディズニーランドごっこでは（金）にA子が行ってきたことがきっかけになって（土）に始まったものであるが、「お土産屋をやりたい」と言っていたA子たちは、登園するとすぐに材料を用意しておいたカゴを持ってきて準備を始める。（A子、B子、L子）遊びの目当てが鮮明である。

・お土産屋が準備に入り、S男は早く巧技台で遊園地をつくりたかったようであるが、欠席明けのA男にイメージがうまく伝わらなかったのか、あるいは月曜日の朝であるためかエンジンのかかりが遅い。

・しばらくして学校ごっこの先生役である私が「今日、ここに遠足に来られるかな」とつぶやいたのが刺激になったのか、A男を中心にして、S男、C子、J子の4人で一気につくりあげた。

・学校ごっこをしていた女児が「遠足」に来たことによって、客を得、イメージが広がったようだ。「ここを渡るときはジャンケンをしてください」「自動きっぷ売り場をつくりたい」などそれぞれが思い出しながら遊んでいた。

・久しぶり登園のE子。この狭い場所が安定の場になったようだ。

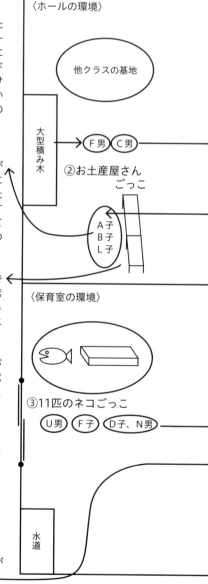

〈ホールの環境〉

他クラスの基地

大型積み木

F男　C男

②お土産屋さんごっこ

A子 B子 L子

〈保育室の環境〉

③11匹のネコごっこ

U男　F子　D子、N男

水道

〈全体の様子〉
　1週間の始まりだというのに、朝はすごい風雨でしかも蒸し暑く、いかにも梅雨という感じである。先週末に欠席の子どもが多く、遊びの目当てを鮮明にもって登園した子どもと、欠席明け日ごろのつながりから仲間には入ったが遊びのイメージが明確でない子どもとの間に少し「開き」があった。遊びが軌道にのるのに時間が必要だった1日である。

遊びの姿	子どもの経験 明日に向けて

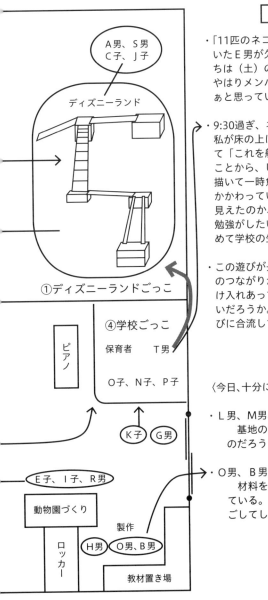

①ディズニーランドごっこ

④学校ごっこ

・「11匹のネコごっこ」は中心的な役割をしていたE男が欠席ということもあって、朝のうちは（土）のメンバーは戸外に出ていった。やはりメンバー間のつながりが薄いせいかなぁと思っていた。

・9:30過ぎ、ネコの母さんをやっていたF子が私が床の上に出しておいた段ボールを見つけて「これを船にして魚を釣りたい」といったことから、U男がこの場に戻ってきた。魚を描いて一時魚釣りをしていたが、今度は私がかかわっている学校ごっこがおもしろそうに見えたのか、「ネコの母さんも学校に行って勉強がしたい」という。結局全員がネコはやめて学校の生徒になった。

・この遊びが長続きしなかったのは、メンバーのつながりが薄いためにイメージを相互に受け入れあって遊ぶことができないためではないだろうか。だからすぐ、おもしろそうな遊びに合流してしまうのではないだろうか。

〈今日、十分に遊びを見とれなかった子ども〉

・L男、M男、K男、J男
　　基地の場がもてずにフラフラしてしまうのだろうか？

・O男、B男
　　材料を工夫してさまざまな武器をつくっている。関係が安定しているのでつい見過ごしてしまう。

・D子、N男は、この2人以外の友だちとかかわる姿を大切にしたい。U男も同様。

・学校ごっこのメンバーは保育者との関係を喜んでいるのでは？

★メンバーのイメージを引き出しながら遊びも進め、主体的に動けるようになってもらいたい。

・明日以降の課題。

5．日の記録から週案へ

（1）週案作成の手順

　短期の指導計画の最小単位である日の記録と日案について述べてきたが、次に考えなければならないのは、1週間の日の記録をどうまとめて翌週の週案につなげていくか、ということである。

　週案は一般的には日案を含んだ形で表4のような様式で書かれることが多い。

　前週の子どもの実態（A）、そこから導き出したねらいおよび内容（B）、環境の構成（C）、B、Cをもとにした日の計画（D）、保育後に書かれる日の反省記録（E）の5つの項目から成り立っている。これまではDとEのつながりを中心に述べてきたが、週案を立てるときも考え方としては同様である。子どもが環境に主体的にかかわって生み出す遊びを中心として展開される保育において、子どもの実態を把握することがもっとも大切で、保育者が子どもの生活から離れて勝手にB、C、Dを計画することはできない。言い換えれば、日の記録を1週間単位で振り返った週の実態把握

〈表4〉　週案の一般的な形式

A 前週の実態		B 今週のねらいと内容		C 環境構成
月	火	水	木	金
D 子どもの活動				
E 反省記録				

（A）が的確でなければ、保育の構想は適切なものにならない。１つの遊びは数日間続くこともあるし、その日の記録からは行動の意味が読み取れなくても、何日間か見続けているとはじめて子どもが経験していることや育ちが見えることがある。一定の期間を括り、実態をまとめることはそういった点からも有効である。

　週案作成の手順は以下のとおりである。

○日々の記録をまとめ、その週の子どもの経験や育ちをまとめる。

　　　実態把握（前週のEからAへ）

○翌週、子どもが経験するであろうことを予想したり、さらに経験させたいことを考える。

　　　ねらいおよび内容の設定（AからBへ）

○ねらいおよび内容に向けて、翌週の具体的な活動を予想し、環境の在り方を考える。

　　　環境の構成（Bに向けたC）

　１週間の日の記録を振り返って、クラス全体の育ちをまとめるのであるから、週案の実態把握の欄は充実している必要がある。そこで筆者は前ページにあるような一般的な形式は使わず、以下のような形式を用いていた（次ページの指導案2-1はその具体例）。

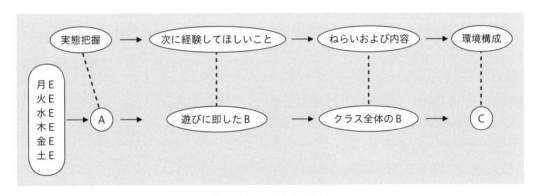

〈図5〉　日案から週案へ

　何回も繰り返すようだが、記録の様式が記録の視点を規定することもある。前週のEから思考を連続させていくためにはこの様式が有効であるように思う。具体例をあげてみよう。

指導案2-1 　　　　　　**6月29日〜7月4日の週案**

各遊びに対する　　　　クラス全体
A ――――――――――――――→ B ―――→ B ―――

（子どもの実態（6/22〜6/27の姿から））→（不足な経験は何だろう）→（ねらい）

・誕生会に踊りを見せよう。踊りに合わせて楽器を打とうという目当てをもって女児はよく遊んだ週だった。遊びが見つからないとすぐにブランコへ行っていたイクコが登園するとすぐに踊りの準備をしたり、他児の遊びにかかわっていくことの少なかったユリコ、アンナが自信をもって楽器を打ち、踊りの子どももユリコを必要とし、声をかけ合う姿が見られた。これほど、明確に目当てがもて充実できたのは、曲自体が魅力的で繰り返し楽しめたこと、おどりながらさまざまなイメージ（ドレスを着たりリズムをつけたり）が派生し実現できたこと、などのためではないか。

・10人近くの遊びだったので、保育者が調整しないとハナエ、アユミの主張で遊びが進んでいく傾向があった。

・男児は大きく3つに分かれて遊んでいたが、遊びの目の隅には女児の遊びが見えており、男児登場の部分ではサッと参加したり、1〜2回楽器にさわってみるという姿があった。

・シンゴたちは基地ごっこのなかでクリアシートに絵を描いたことから映画へ、ヒサノリたちはビニールテープを投げて転がすことからボーリングゲームづくりへちょっとした刺激を与えるだけで、新しく遊びをつくりだすことができている。

・ヒロキ、ナオキの2人の遊びをもっとよく見とる必要あり。
・ヒロト、ヨシヒロたち、場をつくるようになってきた。イメージを引き出すような積極的なかかわりの必要あり。

・誕生会も、おうちの人に見せる会も終わり、目当ては一段落。ホッとして、次の遊び課題を見つけるだろう。

・ここであらたにつながった人間関係はないか。

・新しい刺激が必要か。

・個々で取り組み、工夫したり試したりする動きはどうか。

・場をつくってからどうするか……というのではなく、どうしたいかに合わせて場をつくる経験が必要なのではないか。

・OHPの経験が全体に広がるといいのだが…。

・梅雨の合い間に気温は上昇するだろう。天候との関係で遊びはずい分左右されるので柔軟に。

・自分なりに工夫したりして遊ぶ。
・友だちと目当てをもって、好きな遊びに十分に取り組み楽しむ。

→　　　　C

・友だちに自分の気持ちを伝えたり、友だちの考えや気持ちに気づいて遊びを進めることができるように保育者が媒介となる。

・自分たちの遊びだけでなくクラスの友だちの遊びが視野に入るよう遊びの調整をしたり、情報を伝え合ったりする。

・先週の誕生会のときのような「誕生会で踊りを見せよう」など、遊びに目的がもてるよう、機会を見つけて動機づけていく。

6/29	30	7/1	2	3	4

ジャガイモ掘り　→　短縮保育開始　→　ジャガイモ掘り

きゅうりの絵を絵の具で描く　→

［雨天の場合］

ロボットカミイを友だちとつくろう
（目当てをもって取り組む）

記録2-14

2年保育 5歳児6月　週案より（抜粋）

・「誕生会に踊りを見せよう」という目当てをもって、女児全員がまとまり、よく遊んだ週だった。遊びが見つからないと、すぐにブランコに行っていたイクコが、登園すると踊りの準備をしたり①、他児の遊びにかかわっていくことが少なかったユリコ、アンナが自分から楽器の係を申し出たり②している。

・目当てに向けて、連日充実して遊べたのは、選んだ曲が今までにないほど魅力的で③繰り返し踊りたくなること、踊りからさまざまなイメージを生み出すこと④ができたこと（ドレスをつくりたい、お客さんにお土産を配りたい、楽器で演奏をつけたい）、それを実現する力と友だち関係⑤が育っていること、等によるのではないかと思う。

・踊りの勇壮な曲想の部分では、男児におどってもらいたいとハナエが言い出した。頼まれた男児は「踊りなんか」と言うかと思ったのだが、意外にも喜んで、10人ほどが参加した⑥。クラス全体の親和感が高まっており、全体の遊びをよく見ている。

・シンゴたちは基地ごっこのなかでクリアーシートに絵を描きはじめた。ＯＨＰを提示すると映画づくりへ⑦展開。ヒサノリたちはビニールテープを転がしたので、空き缶を提示したところ、そこから自分たちでゲーム⑧をつくりはじめた。女児の踊りへの応援もそうだが、このように少しの刺激を遊びに取り入れ、新しい遊びを生み出す姿が多く見られた。

（2）「日から週」への視点

①日の記録を連続してとらえる視点

●子どもの育ちをとらえる

　前ページの記録2-14の下線①と②は、3人の子どもがいつもと違う行動をとった
ことに着目している部分である。「遊びが見つからないとすぐにブランコに行く」とか
「他児の遊びにかかわっていくことが少ない」というのは、保育者が当該児との生
活のなかでとらえてきた理解である。イクコが目当てをもって生き生きと遊ぶ姿や、
ユリコ、アンナが他児の遊びに積極的にかかわる姿は今までとは異なる動きであり、
保育者は日の記録を読み返すことによってその変化に気づいている。変化が偶然の行
動ではなくそこに何らかの恒常的な変容を見出すことができたので、「育ち」として
とらえることができるのである。この育ちから次の保育を予測し、「友だちと共通の
目当てをもって好きな遊びに十分に取り組む」というねらいを導き出すことができる。

●遊びが持続することに対する解釈

　女児は土曜日の誕生会に向けて、連日踊りの練習や準備に自主的に取り組んでいた。
日の記録には6/22「2日間の休み明けだが、遊びのとりかかりが早く、踊りの女児
は登園するとすぐに練習場に直行する」、6/23「今日も朝から呼び合って集まる」と
ある。ある日はドレスづくり、ある日は楽器で演奏をつける練習、と一見、異なる遊

びをしているようだが、「誕生会」という大きな目当てから派生したイメージを次々に実現していっている姿である。このように連日、同じメンバーが同じ遊びに取り組んでいる事実から、この遊びへの興味・関心の高さを読み取ることができる。

　継続する遊びの場合、1日だけで行動の意味を解釈することはできず、日々の記録を累積することによって、しばらくすると子どもたちがそこで経験していることは何かが見えてくることがある。

　ここでは教材の魅力の解釈（記録2-14下線③）と子どもの内面の理解（記録2-14下線④、⑤）の2つの方向から子どもの行動の意味を解釈しようとしている。この2つの方向は常に必要である。

　このことから次週の保育の方向を予測し、「自分なりに工夫したり試したりし、実現する喜びを感じる」や「遊びのなかで自分の思いや考えをもち、それを友だちに伝えようとする」という経験させたい内容を導き出している。

②遊び全体を俯瞰する視点

●異なるグループに見られる共通した経験内容

　シンゴたちのグループとヒサノリたちのグループは、違う場所で違う遊びに取り組んでいた。しかし両者ともちょっとした刺激を受けて、遊びの場をさらにおもしろくしようとしたり（記録2-14下線⑦、⑧）、そうしながら女児の活動に関心をもち、様子を見て協力する姿（記録2-14下線⑥）が見られた。両者には共通して他の遊びの情報を自分の遊びに取り入れる力の育ちを読み取ることができる。自分たちで遊びをおもしろくしていこうとする力は育っており、ここからはさらに必要な経験として「他の友だちの遊びに関心をもち、遊びに取り入れようとする」という内容を導き出すことができる。

③連続してとらえる視点と全体を俯瞰する視点

　次ページの図6はクラスの1週間の一部の遊びの流れを示したものだが、週の半ばまでシンゴたちと女児たちが関係をもって遊ぶ姿はなかった。先にも述べたが、園における遊びは、子ども自身が意識しているかいないかにかかわらず、他の遊びの情報を受けながら展開している。日案のときと同様に週案の作成に当たっても、ある1つの遊びを連続してとらえつつ、常に全体の遊びを俯瞰しながら、一つ一つの遊びの推移を読み取らなければならない。言い換えれば、保育者は1つの遊びを時系列で追いながら、他の遊びとのかかわりをとらえるという「複眼的理解」が必要である。

　日々の記録が事実の羅列に終わっていると、遊びの援助も近視眼的になりがちになる。そうならないためには、日々の記録から子どもの課題を連続した視点をもってとらえることと、ある一定の期間の記録をまとめ、保育全体の方向性を見極める視点が

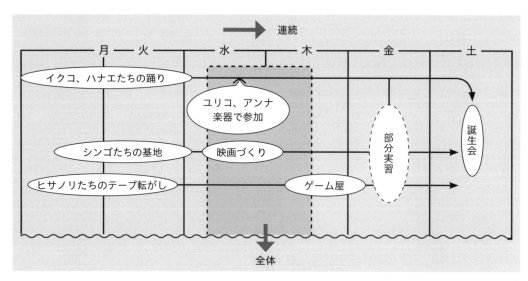

〈図6〉　一週間の遊びの流れ

必要である。1つの遊びばかりを連続して追った記録や、断片的なエピソードを拾っ
た記録からだけでは、保育全体の方向性を導き出すことはできないと考える。

　日から週へ、週から月へ、月から期へ、期から学期へ、学期から年へと、子どもの
姿のなかから次に必要な経験を見出してねらいを立てるという思考パターンを繰り返
して指導を計画していく。スパンが短期であればあるほど、具体的で個別性の高い指
導計画になるが、このときに長期的展望をもっているかどうかによって、方向づけが
大きく異なるものになる。子どもの実際の姿からは決して離れず、かつ、近視眼的に
ならず、日々の生活を共につくりあげていく。保育者にはこのようにダイナミックで
立体的な考え方が求められるのである。

第 3 章

子どもと保育者が織りなす生活

I 育ち合う子どもと保育者

1. 「育ち」のイメージと保育の方向

　幼稚園教育の基本の1つとして「幼児の発達は、心身の諸側面が相互に関連し合い、多様な経過をたどって成し遂げられていくものであること、また、幼児の生活経験がそれぞれ異なることなどを考慮して、幼児一人一人の特性に応じ、発達の課題に即した指導を行うようにすること」があげられている（幼稚園教育要領）。

　したがって、保育者は保育の目的を一人一人の子どもの発達を促すことに定め、園生活が子どもにとってふさわしいものとなっているか、指導が一人一人の発達の課題に応じているかということを、子どもの姿を通して常に振り返る。一律に何かができるようになることを目指すことは幼児教育の目的ではなく、また、それが達成できているかどうか到達度をチェックするようなことは、幼児期の評価としてふさわしくないのである。

　子どもの発達とは何歳何か月で何ができるというように、ある基準をものさしにしてはかるものではない。子どもはどのようにしてそれができるようになったのか、なぜできるようになったのかを見ることが大切である。「なぜできるようになったか」を考えるときに、そこには多くの場合、保育者とのかかわりが介在するので、幼児教育において子どもを評価する場合、子どものなかに何が育っているかをとらえる側面と、その育ちに照らして指導の在り方はどうであったかを振り返る側面の2面から行われる必要がある。

　保育者とのかかわりのなかで子どもの発達をとらえるという評価の考え方は幼児教育の基本的特質であるが、それは同時に幼児教育の抱えるむずかしさでもある。子どもを理解することが保育の起点であり、起点がどこかによって保育のありようは決まる。そしてその起点をどこに置くかは保育者の子ども理解によって決まる。子どもの育ちをとらえるときに、到達度評価のようにある標準や基準に照らすことができるのならば診断は容易なのだが、先に述べたように幼児期の評価としてはそれは適切ではない。理解が適切かどうかの判断もまた保育者の理解に任されていることになる。自分のなかの理解の軸が、もしかしたらズレていたかもしれない（あるいはズレてきた

かもしれない）のに、それを確かめることができず堂々めぐりになりがちなのである。そこが幼児教育のむずかしさや他者に教育の成果を伝えるときのむずかしさといえよう。

　先にも述べたように、一人一人の発達の特性に応じた教育を標榜する幼児教育において到達度目標を設定することは意味がない。しかし、保育者は子どもの育ちの方向性のイメージを明確にもっている必要はある。この育ちのイメージがあいまいだと、保育者との関係において的確に子どもの育ちを評価することはできないだろう。

　同じ時期に複数の園を見ると、保育者の子ども理解によって生活のあり方がまったく異なっていることがある。5歳児2月のころのことである。A園では片づけの時間になると保育者が遊びの群れを一つ一つまわって、「片づけですよ。片づけたらホールに集まってください」と声をかけていた。同じ時期、B園では保育室の壁面に小さな手づくりの時計がかけられていて、集まりの時刻が示されていた。子どもたちは時計の針を意識しながら遊び、集合の時刻から逆算して「そろそろ片づけないと間に合わない」と子ども同士が声をかけ合っていた。遊びの広げ方によって片づけにかかる時間は異なる。子どもたちはこれまでの経験から自分たちの遊びの状況を判断し、それぞれの片づけはじめる時間を決めるのである。もちろん、すべての子どもが予測して行動できるわけではない。保育者はていねいに遊びをめぐり、片づけの予測をもたせるような言葉かけをしていた。

　この2つの園の子どもたちの育ちを比較すると、生活への主体的な構えという点では明らかに後者の園の子どものほうが育っていた。A園の子どもたちのなかには、おおかたの友だちが集まっているのにそれを意識できず、なかなか自分たちの遊びを切り上げられない子どもたちがいた。B園ではそういうことはなく、集まりの時刻にはほとんどの子どもが集まっており、友だちの話も子ども同士でよく聞いていた。おそらくB園の保育者には子どもは互いを意識して行動し、主体的に生活を進める力をもっているというイメージがあるのだろう。はじめのうちはA園の保育者と同様に「片づけですよ」と声をかけまわっていたかもしれないが、子どものなかに育つ力を信じて、次第に「子ども自身が生活を進めるようになる」環境を構成していったのだろうと思う。

　生活の主体者としてどの程度の行動を子どもに期待するかによって、つまり育ちのイメージをどのようにもつかによって、言葉かけも環境の構成も異なるものになる。保育者が長期的な発達の見通し（育ちのイメージ）をもっているかいないか、あるいはそれが明確か不明確かによって細かい環境構成や配慮が異なり、それが積み重なって子どもの育ちが大きく異なるものになっていくのである。

　それは「ここまでできるようにして卒園させたい」という到達度目標に向けて子どもを追い込むことではない。

　2017（平成29）年改訂の幼稚園教育要領等3法令には、「幼児期の終わりまでに育ってほしい姿」が示されている。子どもの育ちの方向目標として、5つの各領域において「ねらい」が設定されている。「幼児期の終わりまでに育ってほしい姿」とは、領域で示されているこれらの方向目標に基づき、幼小連携の観点から特に5歳児後半に期待される子どもの成長の具体像を10の姿としてまとめたものである。

　10の姿とは、①健康な心と体、②自立心、③協同性、④道徳性・規範意識の芽生え、⑤社会生活との関わり、⑥思考力の芽生え、⑦自然との関わり・生命尊重、⑧数量や図形、標識や文字などへの関心・感覚、⑨言葉による伝え合い、⑩豊かな感性と表現であり、充実した生活や遊びを通して身につくことが期待される姿を示したものである。決してこれを「到達目標」として設定し、これらを育成するために特定の活動と結びつけて、保育者から子どもへと一方的に指導するためのものではない。10の姿を就学前の子どもの成長を読み取る視点としてとらえ、指導に生かすものと考えたい。

　保育者が育ちの方向性をイメージしつつ、子どもとのやりとりのなかでねらいを適時的に環境構成に込めたり、適切な保育方法を選び取ったりすることで、子どもと生活を織りなした結果として、子どもはよりよく育っていくのである。「子どもが育っていく」ということを実感し、自分の保育行為との関係を自覚したことがない保育者には、充実した生活をイメージすることはむずかしく、そのような生活を子どもとともにつくりあげることもむずかしい。

　「一人一人を育てる」という言葉の意味を誤解してはならない。「一人一人を育てる」とは、個々の子どもと向き合うことだけではない。集団の育ちの方向のなかで個も育っていくという意識をもちながら、一人一人の子どもと向き合うということである。保育者は自分の保育を省察しながら、子どもが育つというイメージをしっかりもつ必要がある。またこれは、保育者個人の力量の問題に帰してはならず、園の保育観の問題として見直すべきである。

2．卒園間近の子どもの育ち

　では、小学校に上がる直前の子どもにはどのような育ちが見られるのか。心情はどのように深まり、意欲はどのように高まっているのか。幼稚園教育要領等に示された「幼児期の終わりまでに育ってほしい姿」は具体的にどのような生活や遊びの姿となってあらわれるのだろうか。個人の発達の特性によって一人一人の育ちには当然違い

があるとはいえ、一般的にどのような育ちを見せることが期待されるのか。卒園直前の子どもの姿を保育記録のなかから拾ってみたい。

（1）ある日の記録を起点として

　5歳児を担任していると、卒園直前の2月ころに一人一人の子どもおよびクラス集団の育ちを実感する瞬間がある。そのころの日の反省記録を引用してみよう。

記録3-1

2月18日（反省記録より）

　音楽会まであと2日。ちょっと声をかけただけで、あるいは私のまったく知らない間にグループごとに舞台に練習に来る①。練習が終わるとドッジボールの輪に戻り「次のグループいいよ」②と言いながら交代している。風邪で戸外に出られないヒロキと探検隊ごっこをしているカンタ・ヒロシ以外は園庭に出て行き、いつの間にかドッジボールに入っている③。音楽会への他の取り組みでは、ドッジボールの合間に装飾づくりや看板づくりの手伝いにくる子ども④がいる。年長組の担任としてこの時期に味わう子どもの成長を目の当たりにしたときの大きな感激。この思いを味わうといつも卒園なのだ。結局、今日のカレーライスづくりの手伝いは誰もできなかったが、よかったのではないか。

　音楽会への招待状を書く活動をする。リョウタ以外は全員が字を書こうとする。

　「年長組の担任としてこの時期に味わう子どもの成長」という記述にあるように、活動の中身はその年によって違うが幼稚園生活を経て、例年、年長組の学期後半には上述のような子どもの姿を見ることができる。保育者は具体的な子どもの姿から以下の3つの成長を読み取っている。

- 傍線②③から……クラス全体の心情的なつながりを基盤とした活動への取り組み
- 傍線①③④から…クラスで共通の目当てに向けてグループの友だちとの主体的な取り組み
- 傍線①④から……1日の生活に自分なりの見通しをもち、主体的に生活を進める力

　日の記録をさかのぼって読み解き、どうしてそのような育ちをとらえるに至ったかを明らかにしたい。

①クラスとしての心情的なつながりを基盤にして活動に取り組む力の育ちについて

　ドッジボールは年長1学期に遊び方を知らせた遊びである。1月下旬より再び興味が高まったため、2月3日にクラス全員で行う。以降、10人〜20人が常に取り組んでいる状態であった。音楽会に向けての活動のためにいったん抜けたとしても、再び戻ってドッジボールの輪に入ることができるのは、単に「自分の体を十分に動かし、進んで運動しようとする」（領域「健康」のねらい）力がついただけでなく、クラスの友だちに受け入れられる喜びや心情的なつながりが基盤にしっかりあるからだろう。前週の週案には次のような記録がある。

記録3-2

2月1〜6日の週の実態から（抜粋）

・2月3日にドッジボールを全員で行ったのだが、1学期の経験が生きており、ほとんどの子どもがルールを理解している。うれしいのは、これまで気の合う友だち以外とはほとんどかかわりをもとうとしなかったヒロコ、ナオキが喜んで参加していることだ。逃げるのがうまく、友だちにも認められて自信をもったようだ。この時期、どんなことでもいいから、その子のよさが発揮され、他児に認められる経験が必要だと感じた。

・しかし、もっと参加してもらいたい子ども（リュウスケ・カンタらコマに取り組む子ども）は強く誘わないと入ってこないのでクラス全体の活動として計画したり、コマの活動をいったん切り上げたりする。ドッジボールに入ってこないという問題ではなく、みんなに受け入れられているという心情的なつながりが薄いという問題としてとらえたい。

　保育者はドッジボールに参加するしないを問題にしているのではなく、

　ａ．新しい活動に自分から入り、他者に認められることの意味

　ｂ．自分から新しい遊びに入れないことの課題

に着目していることがわかる。それは裏返せば、卒園を直前にして、自己実現の幅を広げてほしい（自分から新しい遊びにかかわったり、クラスの他者との間にも自分から関係性をもとうとする、など）と期待しているからである。

　以下、保育者がとらえた育ちを一つ一つ振り返ってみよう。

②クラスで共通の目当てに向けて、グループの友だちとの活動に主体的に取り組む力の育ちについて

　音楽会は次のような実態から、クラスのつながりを卒園前にさらに強めたいという保育者の願いがあって計画されたものである。

記録3-3

2月1～6日の週の実態から（抜粋）

・今週も先週と同様、大きく4つ（ドッジボール・コマ・学校ごっこ・音楽会ごっこ）に分かれて遊んでいた。1つのかたまりが8～10人である。1つの遊びを同一メンバーでこれほど持続できるということは、友だちとのつながりがかなり強くなってきているということであろう。

・卒園に向けての歌でかなり心情的な歌詞も理解してうたっている。徐々に卒園に向けての活動を入れ込み、生活の構え（卒園までにしたいことは何かを自分で決めて取り組もう・友だちとたくさん遊ぼう・話を聞く態度をきちんとしよう）を身につけさせたいと思う。

　きっかけになったのはクニコたちの取り組んでいた音楽会ごっこである。これまで気の合う4人の仲間と遊ぶことが多く、関係が広がりにくかったクニコ・ケイタロウ・アンナ・ユリコを全体のなかに位置づけたいという保育者の願いもあった。

・クニコたちは「誰か音楽会の仲間に入ってくれないかな」と言っている。気の合う友だち以外の友だちを求める気持ちが強くなってきており、とてもうれしい。クニコたちの遊びをクラスのなかに位置づけたり、ドッジボールなどで実際に動いて自信をつける機会をもったりする必要がある。

　そこで保育者は2月8日にクラス全体に「卒園の思い出に音楽会をやろう」と投げかけた。他の子どもたちはクニコたちの音楽会ごっこを見て関心をもっていたこともあり、すぐに気の合うグループに分かれて何をするか相談し、その日から主体的に「練習」に取り組みはじめた。保育者の実態把握が適切で、次に必要な経験が的確に計画されたとき（この場合は音楽会をしようという投げかけ）、子どもは実に意欲的にその活動に取り組む。

　何を投げかければよいか（あるいは何も投げかけないほうがよいか）は、子どもたちの育ちと興味関心の方向から離れていてはいけない。この場合は「クニコたちのグループをクラスのなかに位置づけたい」という願いから、彼女たちの取り組んでいた遊びをクローズアップすることにした。保育室にはクニコたちが使っていた舞台（積み木を並べてつくったもの）が1か所あったため、必然的に交代でグループごとに「練習」するようになった。それぞれの「練習」が終わったあとに再びドッジボールに戻る姿や「次のグループいいよ」という会話から「音楽会」にクラス全体で取り組んでいるという一体感が見られる。全体の方向を見極めながら、とくに重点的に指導したいと思う子どもはどの子どもかという把握も大切である。

　クニコたちに着目しながらも、次に保育者はそれぞれのグループの育ちを把握しようとする。集まったメンバーによってグループの取り組み方に違いが見られるため、保育者は次のように育ちをとらえ援助を考えている。

記録3-4

2月8〜13日の週の実態から（抜粋）

・グループの課題（19日の音楽会に向けて仲間と取り組もう）についてはグループごとに次のような取り組みを見せている。

・ハナエたちのグループ……自分たちで楽器の分担や打ち方を決め、自分たちで仲間を呼び集めて取り組む。仲間のつながりや課題に対する構えが共に十分に育っている。

・クニコたちのグループ……「森の熊さん」の歌唱。意欲は十分に感じられるが、今、何について考え合っているのかがすぐに不明確になりふざけてしまう。仲がよいだけでは実際の物事を考え合う経験が積み重なっていなかったのだなと反省。選んだ教材はこのグループにとっては適切だったと思う。

・ナオキたちのグループ……集団としての凝集力が弱く、私が声をかけなければ集まれない。真面目な子どもが集まっており、やる気は感じられる。

・ミチハルたちのグループ……コウジが欠席すると集まることもできないでいる。

人数が多すぎたせいかもしれない。

・エツミたちのグループ……2つのグループに分かれて踊りの練習をしているが、学校ごっこのイメージから脱しきれず、課題を意識させるようにすればもっと意欲的に取り組むと思われる。

5歳児のとくに後半における子どもには「幼児同士で長い時間を掛けて実現してみたいことを考え、その願いを目指して、互いに協力して進めようとする。互いの意思の衝突や実現の困難を乗り越え、先の見通しを可能にしつつ、達成していく」[1]という著しい育ちが見られる。そのため、この時期は「協同的な学びが可能となる時期」といわれている。協同とは「2人以上の人が力を合わせて仕事をすること」である。この時期の子どもにとって、心と力を合わせて共に助け合って取り組む活動はとても楽しいものであり、さまざまな学びをもたらすのである。

この記録の実践の場合、子どもたちは「音楽会を開こう」という共通の目的をもっている。そこに向けて数名の子どもが1つのグループを形成し、各グループごとに協力し合いながら協同的な活動を展開している。各グループの取り組みを見れば、先の見通しをもちにくいグループもあれば、互いの意思を交流し合うことがむずかしいグループもある。音楽会のきっかけとなったクニコたちのグループは「何について考えているのかすぐに不明確になる」という状態が明らかになった。長いこと同じメンバーで遊んできた子どもたちだが「物事を考え合う経験が積み重なっていなかった」ことに気づく。このように保育者は、各グループの課題を見出して援助の方向をさぐる。

年長組の後半の生活が充実しているかどうかは、小学校への学びの連続性を鑑み、大きな課題として取り上げられている。5歳児の育ちに応じた5歳児にふさわしい生活とは何か。5歳児ともなれば遊びの様態も複雑になっているし、友だち関係も深くなり、自分の考えと他者の考えを合わせて活動を進めようともする。したがって多少の困難を乗り越えてやりとげることに喜びを見出すような、充実した遊びや活動の展開が必要だろうと思う。以下の点に留意しつつ、「やりとげたい」と思えるような目当てをもたせ、協同の喜びを味わわせたい。

・協同的な活動の目当ては唐突であってはならず、子どもの育ち、興味・関心、生活の流れ等の延長上にあること（とくに協同的な活動の目当てがクラスの共通の目当てとなっている場合には、子どもを高く動機づけるようなものであること）

・それは少し長い見通しがもてるようなスパンのなかで設定されていること

1）無藤隆、中央教育審議会初等中等教育分科会、提案資料、2004

・保育者はそれぞれの子ども（各グループ）がその見通しのなかでどのような困難に向き合うかを読み取り、子どもの力で乗り越えるために必要な援助を行うこと

「クラスで共通の目当てに向けて、グループの友だちとの活動に主体的に取り組む力」は子どもの自己実現の力を高める。

③1日の生活に自分なりの見通しをもち主体的に生活を進める力の育ちについて

　園生活の初期にもっとも重視されるのは、好きな時間に好きな友だちと好きな遊びに取り組むということである。それはまさしく「集団のなかで一人一人の主体性はもっとも尊重される」ことを意味し、生きる力を育てる第一歩である。集団生活の第一歩が統制のとれた集団行動をとることに指導の重点が置かれたとしたら、子どもは自分の欲求を発揮することなく、集団のなかに個を埋没させていってしまうだろう。まず、一人一人の自由感の保障が大切である。

　そして、次第にグループで1つのことを考え合い、力を合わせる喜びやクラス全体で1つのことに取り組む喜びを経験する。初期の「好きな」という言葉の範囲は広がり深まっていく。卒園前のこの時期になるとクラス全体の目当ても自分の課題としてしっかり受け止めることができるようになる。「練習」といって仲間を呼ぶ姿や全体の装飾づくりに積極的に取り組む姿からその力が育っていることがわかる。

　これらの姿は10月の運動会のころにも見られたが、保育者はそのころよりも心情的なつながりがさらに強くなっていることを次のように記述している。

記録3-5

2月15〜20日の週の実態から（抜粋）

・金曜日の音楽会に向けて意欲はあるのだが仲間が休みで練習できないでいる姿があった。全体的にはクラス全体の課題をグループの課題として受け止め、主体的に活動に取り組む姿が見られた。

・とくに感心したのは練習場所が1か所しかないことから、他のグループがやっている間はクラスのほとんどの子どもがドッジボールに参加し、自分たちの番になるとやってくるという姿。気の合うグループがそれぞれ独自の遊びの世界を展開していた2学期のころと違って、クラス全体が心のつながりをもとに受け入れ合っていると感じた。うれしい。

・音楽会に向けても他のグループの進行を心配したり、いつまでも欠席の友だちを心配したり、周囲に目を向けている姿が多く見られる。

この記録にある3点の記述から、

- クラスの目当てを自分のものとして取り組む姿
- グループの活動に主体的に取り組む姿
- グループ間の動きを意識して活動を進める姿

の育ちが見られる。保育者の側からいえば、必要な経験は何かを子どもの姿のなかから読み取り、いかに指導を計画し実施してきたかの結果である。たとえば2月1日の記録3-2にあるヒロコに対して、自信をもたせるよう援助をしてきたように、具体的活動のなかで何が必要であるかを見極めて援助を繰り返す必要がある。

音楽会から卒園までわずか3週間であったが、次週の実態把握の記述が明らかにしているように音楽会に向けての経験が生かされ、さらに主体的に生活を進めるようになっていっている。

記録3-6

2月22〜26日の週の実態から（抜粋）

- 24日（水）は、4月に入園する予定の子どもたちの1日入園の日。新入園児のためにお店屋さんを開きたいと言ったのはコウジで、私の計画（音楽会をもう1度開いて聞かせてあげるのはどうかな）と、どちらがよいか全員にはかったところ、子どもたちは全員、コウジの意見を選んだ。同じことは繰り返したくないという。クラス全体の課題（ここでは新入園児を楽しませてあげよう）を保育者に言われるからではなく、自分たちの問題として取り組みたいという強い意欲を感じる。
- 月曜日、火曜日はそれぞれのお店に分かれた仲間同士で誘い合い、モノづくりに集中して取り組んでいた。

  銀行屋さん……ユウイチがペースをつくり、今日はここまでと目安を立てて取り組んでいる。リョウタは担任の援助がなければ何をしたらよいかわからなかったが、仲間意識はもてていた。

  花屋さん……途中で飽きたイクコ、アカネが黙って場を離れるといってアユミとトラブル。2人とももう少し友だちに自分の思いを伝えるとよいのだが。

  くじびき屋さん……メンバーの欠席が多いこともあったが、どこから進めてよいかわからない様子で、方向を具体的に示す援助をした。マイにはイメージを積み上げるよい経験になった。

  本屋・おもちゃ屋・菓子屋……一人一人がつくることに集中。グループとして

> 展開についてのやりとりが少なかったのではないか。あるいはこれはお
> 店屋さんごっこという遊びの特性で仕方のないことなのだろうか。
> ・それぞれのグループに細かい援助が必要だったとはいえ、全体的にはクラス全体
> 　の課題を自分のものとして受け止めていて頼もしかった。
> ・お店屋さんごっこの準備が一段落するとユウイチを中心にして園の前の公園にリ
> 　レーに行く。安心して子どもたちだけで行かせられる。自分たちでチームが同等
> 　の力になるようにチーム分けをし、勝敗を楽しんでいる。ナオキも自分から仲間
> 　に入っていたと聞いてうれしくなった。男児ではカンタ・リュウスケ・カズキ・ヒ
> 　ロシ・リョウタ・ケイタロウがまだ仲間に入っていかない。単に身体を動かす遊び
> 　が好きでないということではなく、クラスへの一体意識が薄い、他者の動きに敏
> 　感に対応しにくい、という生活全般の問題かと思う。しかし、否定的に見すぎて
> 　残り少ない園生活を彼らのやり方で過ごせなくなることがないよう気をつけたい。

　保育者は1日入園の日の活動にあまり時間をかけたくないという思惑があった。と
ころが子どもたちは保育者の勝手な思惑を超えて、自分たちで生活を主体的に進めよ
うとしている。

　園生活における2年間の経験を通して、確実に子どもは育つ。これらの記録には、
子どもの育ちが具体的にあらわれていると思われる。

　とはいえ、個別に子どもの取り組みの様子をていねいに見てみると、友だちとのや
りとりが少ないグループがあったり、やる気はあるが、進め方がわからないグループ
があったりする。

　そこで保育者は次のような願いをもち、ねらいを立てた。

〈願い〉

・さらにクラス全体の課題を自分のこととして受け止め、意欲的に取り組んでほし
　い。

・残り少ない園生活に見通しをもち充実して過ごしてほしい。

・徐々に卒園に向けての構えをもち、主体的に卒園にかかわる活動に取り組んでほ
　しい。

〈ねらい〉

・クラス全体の課題を主体的に受け止め意欲的に取り組む。

・友だちとの遊びを十分に楽しみながら互いのよさを認め合う。

「それぞれのグループに細かい援助が必要だったとはいえ、全体的にはクラス全体
の課題を自分のものとして受け止めていて頼もしかった」という記述に見られるよう

に、クラス全体の育ちとグループ、個人の育ちは連動しているのである。

（2）5領域のねらいとの関連

　幼児期は生きる力の基礎を育む重要な時期であり、「知識及び技能の基礎」「思考力、判断力、表現力等の基礎」「学びに向かう力、人間性等」の3つの資質・能力を一体的に育むように示されている（2017年告示幼稚園教育要領）。これらの資質・能力は生活や遊びといった活動全体を通して育まれるものであるが、子どものなかに何をどう育てるかという視点、つまり発達的な側面から子どもの育ちを見る視点として、5領域（健康・人間関係・環境・言葉・表現）それぞれに3つの「ねらい」と、「ねらい」を達成するために指導する事項としての「内容」が設定されている。総数15の「ねらい」は園生活の全体を通じ、幼児がさまざまな体験を積み重ねるなかで相互に関連をもちながら次第に達成に向かうものであることと押さえられている。

　子どもの実際の生活や遊びの姿のなかに、どのように育ちの関連性を読み取ることができるのか。これまで述べてきた5歳児2月の保育記録を取り上げて考えてみよう。

　記録3-1から記録3-6には集団の生活に方向性をもちながらさまざまな活動に取り組み、自分を十分に発揮しながら主体的に行動している姿が表されている。2月1日から26日までの間に、子どもたちが興味をもち、集中して取り組んだ活動は主にドッジボールと音楽会に向けての活動である。週の記録のなかからこの2つの活動における子どもの育ちを括り出してみよう。（次ページ表5参照）。

　たとえば、ドッジボールの取り組みにおいては、運動のあまり得意でないヒロコが積極的に参加する姿を友だちが認めるということがあった。これは「友だちのよいところを認め、それを相手に言葉で伝えることができる」という育ちととらえられる。この育ちは、領域の視点から見ると、どんな経験をし、どのねらいを達成していることになるのだろうか。

　「人間関係」の育ちの側面から見れば、「友達のよさに気付き、一緒に活動する楽しさを味わう」経験、「自分の思ったことを相手に伝え、相手の思っていることに気付く」という経験ととらえられるだろう。また、「言葉」の育ちの側面から見れば、「したり、見たり、聞いたり、感じたり、考えたりなどしたことを自分なりに言葉で表現する」経験ととらえられるだろう。

　ドッジボールを通して子どもが経験していることは、総合的な経験となり、さまざま側面が絡みながら子どもの発達を促す。すなわち領域のねらいは総合的に達成されていく。具体的な活動を通して15のねらいは相互に関連しながら達成に向かっているのである（表5参照）。

〈表5〉　子どもの育ちと5領域のねらい／10の姿の関連

┌─ 2/1 〜 2/6 ─────────────────────────────
- 今週も先週と同様、大きく4つ（ドッジボール・コマ・学校ごっこ・音楽会ごっこ）に分かれて遊んでいた。1つのかたまりが8〜10人である。1つの遊びを同一メンバーでこれほど持続できるということは、友だちとのつながりがかなり強くなってきているということであろう。
- 2月3日にドッジボールを全員で行ったのだが、1学期の経験が生きており、ほとんどの子どもがルールを理解している。うれしいのは、これまで気の合う友だち以外とはほとんどかかわりをもとうとしなかったヒロコ、ナオキが喜んで参加していることだ。逃げるのがうまく、友だちにも認められて自信をもったようだ。この時期、どんなことでもいいから、その子のよさが発揮され、他児に認められる経験が必要だと感じた。
- しかし、もっと参加してもらいたい子ども（リュウスケ・カンタらコマに取り組む子ども）は強く誘わないと入ってこないのでクラス全体の活動として計画したり、コマの活動をいったん切り上げたりする。ドッジボールに入ってこないという問題ではなく、みんなに受け入れられているという心情的なつながりが薄いという問題としてとらえたい。
- 卒園に向けての歌でかなり心情的な歌詞も理解してうたっている。徐々に卒園に向けての活動を入れ込み、生活の構えを身につけさせたいと思う。
  〈次週のねらい〉
    - クラス全体の目当てに向けて意欲的に活動に取り組む
    - 友だちのよさを認め合いながら遊ぶ

┌─ 2/8 〜 2/13 ─────────────────────────────
- 4日間しかない週で、しかもインフルエンザで欠席が多くなってきているので、個の課題（卒園文集づくりなど）を積極的に投げ入れた。ドッジボールに取り組んでいた子どもも友だちの様子を見ながら、机があくと自分から取り組みにきていた。
- クラスの目当てとして「19日に音楽会を開こう」を投げかけた。クニコたちがここ5日間取り組んでいた音楽会ごっこをクラス全体に広げた形である。5つのグループに分かれた。メンバー構成によって多少取り組みに違いがあるが、自分たちで曲を決め、仲間を集めて「練習」に取り組んでいる。
                （各グループの取り組みについては略）
  〈次週のねらい〉
    - クラス全体の活動の方向を意識しながら、グループの課題に意欲的に取り組む
    - 1日の生活に簡単な見通しをもつ

┌─ 2/15 〜 2/20 ─────────────────────────────
- インフルエンザの流行で週の前半は連日半数近くが欠席。金曜日の音楽会に向けて意欲はあるのだが仲間が休みで練習できないでいる姿があった。
- とくに感心したのは練習場所が1か所しかないことから、他のグループがやっている間はクラスのほとんどの子どもがドッジボールに参加し、自分たちの番になるとやってくるという姿。気の合うグループがそれぞれ独自の遊びの世界を展開していた2学期のころと違って、クラス全体が心のつながりをもとに受け入れ合っていると感じた。
- 他のグループの進行を心配したり、いつまでも欠席の友だちを心配したり、周囲に目を向けている姿が多く見られる。
  〈次週のねらい〉
    - クラス全体の活動に主体的に参加するなかで、友だちのよさに気づく
    - さまざまな課題を主体的に受け止め、活動に取り組む

┌─ 2月18日（水）の記録より ─────────────────────
- 音楽会まであと2日。ちょっと声をかけただけで、あるいは私のまったく知らない間にグループごとに舞台に練習に来る。練習が終わるとドッジボールの輪に戻り「次のグループいいよ」と言いながら交代している。
- 風邪で戸外に出られないヒロキと探検ごっこをしているカンタ・ヒロシ以外は園庭に出て行き、いつの間にかドッジボールに入っている。
- 音楽会への他の取り組みでは、ドッジボールの合間に装飾づくりや看板づくりの手伝いにくる子どもがいる。
- 子どもの成長を目の当たりにしたときの大きな感激。この思いを味わうといつも卒園なのだ。

┌─ 2/22 〜 2/26 ─────────────────────────────
- 24日（水）は、4月に入園する予定の子どもたちの1日入園の日。新入園児のためにお店屋を開きたいと言ったのはコウジで、私の計画（音楽会をもう1度開いて聞かせてあげるのはどうかな）と、どちらがよいか全員にはかったところ、子どもたちは全員、コウジの意見を選んだ。同じことは繰り返したくないという。クラス全体の課題（ここでは新入園児を楽しませてあげよう）を保育者に言われるからではなく、自分たちの問題として取り組みたいという強い意欲を感じる。
- それぞれのグループに細かい援助が必要だったとはいえ、全体的にはクラス全体の課題を自分のものとして受け止めていて頼もしかった。
- ユウイチを中心にして園の前の公園にリレーに行く。安心して子どもたちだけで行かせられる。自分たちでチームが同等の力になるようにチーム分けをし、勝敗を楽しんでいる。ナオキも自分から仲間に入っていたと聞いてうれしくなった。男児ではカンタ・リュウスケ・カズキ・ヒロシ・リョウタ・ケイタロウがまだ仲間に入っていかない。単に身体を動かす遊びが好きでないということではなく、クラスへの一体意識が薄い、他者の動きに敏感に対応しにくい、という生活全般の問題かと思う。しかし、否定的に見すぎて残り少ない園生活を彼らのやり方で過ごせなくなることがないよう気をつけたい。

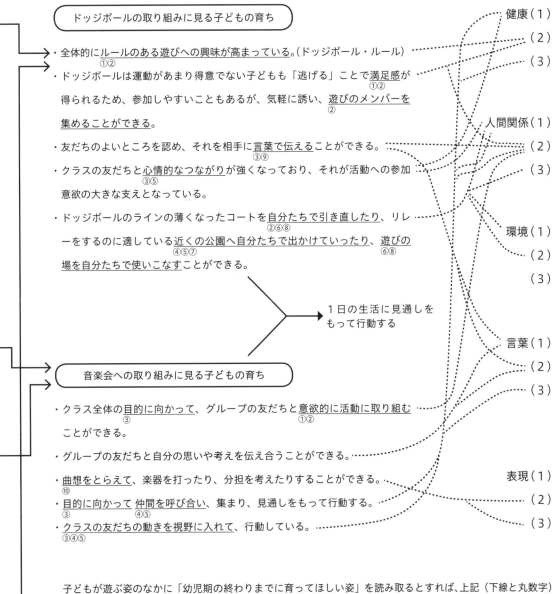

```
┌─────────────────────────────────┐                              健康（1）
│  ドッジボールの取り組みに見る子どもの育ち  │                                  （2）
└─────────────────────────────────┘                                  （3）

・全体的にルールのある遊びへの興味が高まっている。（ドッジボール・ルール）
　①②
・ドッジボールは運動があまり得意でない子どもも「逃げる」ことで満足感が            人間関係（1）
　　　　　　　　　　　　　　　　　　　　　　　　　①②                               （2）
　得られるため、参加しやすいこともあるが、気軽に誘い、遊びのメンバーを                （3）
　　　　　　　　　　　　　　　　　　　　　　　　②
　集めることができる。
・友だちのよいところを認め、それを相手に言葉で伝えることができる。
　　　　　　　　　　　　　　　　　③⑨
・クラスの友だちと心情的なつながりが強くなっており、それが活動への参加
　　　　　　　　③⑤
　意欲の大きな支えとなっている。                                          環境（1）
・ドッジボールのラインの薄くなったコートを自分たちで引き直したり、リレ              （2）
　　　　　　　　　　　　　　　　　②⑥⑧
　ーをするのに適している近くの公園へ自分たちで出かけていったり、遊びの            （3）
　　　　　　　　　④⑤⑦                           ⑥⑧
　場を自分たちで使いこなすことができる。

　　　　　　　　　　　　　　　　　　　1日の生活に見通しを
　　　　　　　　　　　　　　　　　　　もって行動する

┌─────────────────────────────────┐                              言葉（1）
│  音楽会への取り組みに見る子どもの育ち   │                                 （2）
└─────────────────────────────────┘                                 （3）

・クラス全体の目的に向かって、グループの友だちと意欲的に活動に取り組む
　　　　　　③                        ①②
　ことができる。
・グループの友だちと自分の思いや考えを伝え合うことができる。
・曲想をとらえて、楽器を打ったり、分担を考えたりすることができる。            表現（1）
　⑩                                                                  （2）
・目的に向かって仲間を呼び合い、集まり、見通しをもって行動する。                 （3）
　③           ④⑤
・クラスの友だちの動きを視野に入れて、行動している。
　③④⑤
```

子どもが遊ぶ姿のなかに「幼児期の終わりまでに育ってほしい姿」を読み取るとすれば、上記（下線と丸数字）のようになると考えられる。

〈幼児期の終わりまでに育ってほしい姿〉
①健康な心と体、②自立心、③協同性、④道徳性・規範意識の芽生え、⑤社会生活との関わり、⑥思考力の芽生え、⑦自然との関わり・生命尊重、⑧数量や図形、標識や文字などへの関心・感覚、⑨言葉による伝え合い、⑩豊かな感性と表現

　幼児教育の目的は、知識の量的獲得やある技能の一定の基準への到達ではない。生活のなかで、さまざまな具体的活動を通して、生きる力の基礎となる資質・能力の3つの柱を育むことが目的である。基礎的な力というのは数値化しにくい。ゆえに幼児教育は「見えにくい教育」といわれている。数値化したり、学力テストのように達成率を見ることは意味がないし、できない。けれどもそれは、教育の効果がないということと、同意義ではない。記録のなかの子どもたちの豊かな遊びの姿を読み取れば、2年や3年の保育年限の間に子どもたちが育っていることがわかるだろう。

　一連の記録から、

・クラス全体の心情的なつながりを基盤とした活動への取り組み
・1日の生活に自分なりに見通しをもち、主体的に生活を進める力
・クラスで共通の目当てに向けて、グループの友だちとの主体的な取り組み

の3つの点の育ちを見出すことができた。これらは、小学校以上の学習の基礎となる心情や意欲や態度である。

3．1日の生活の組み立て

（1）時間の配分

　日案には「日の流れ」あるいは「展開」という項目があり、1日の時間の流れが記入されている。その日をどのように子どもたちと暮らすかは状態によって柔軟ではあるが、保育者はおおまかな時間の流れを押さえ、1日の生活をシミュレーションしてから子どもを迎える。保育者にとって何時ころから片づけを促し、何時ころからクラス全体の活動をはじめるかといった「時間の配分」は1日の生活の組み立てにとって重要である。複数のクラスが存在すれば使用場所の確認も必要なので、各クラスの時間的・空間的配分を全保育者が共通理解しておく必要もあるだろう。時期や育ちによっては時間配分を子どもに任せることもあるが、通常はその園独自のルーティンとしての時間の流れがあり、それを柔軟に運用する形で保育は組み立てられている。ルーティンとしての時間の流れは子どもに生活の見通しと安定感をもたらすので、通常、園生活にまだ慣れていない入園当初は時間配分を変えない。一般的に園生活には1日の流れのなかに子どもが遊びを選択する時間とクラス全体が一堂に集まって取り組む活動の時間がある。よって「日の流れ」の項目にはこの2つの時間の配分が押さえられている。と同時に集まりの活動への移行時に行われる片づけや食事などの生活にかかわる時間も十分に押さえられ大切にされている。

　「遊びを中心とした保育」において、子どもが環境に主体的にかかわる時間と空間

を保障しなければならないことはい
うまでもないが、それは単に時間と
空間を確保すればよいことを意味し
ない。

　A園では子どもたちはバスで順次
登園してくるが、コースがいくつに
も分かれているので全員がそろうま
では園庭で遊んでおり、この時間帯
は「自由遊び」と呼ばれている。10
時前後に片づけの合図があり、クラ
ス全体の活動（月案に1か月分の活動が書き込まれている）が行われる。これがいわゆ
る一斉活動の時間である。一斉活動のなかには取り組みの時間に個人差が出るものも
あり、早く終わった子どもは次の活動がはじまるまで遊んで待つこともある。その後、
昼食となり、食べ終わった子どもから再び「自由遊び」になる。降園のまえに短い集
まりの時間があり、先生の読む絵本などを見て順次、降園する。

　生活の組み立てに対する保育者の意識はその日の一斉活動をどう展開するかに集中
している。保育者は「自由遊びの時間」には積極的に子どもと遊ぶが、子どもの行動
から動機や課題を連続的に読み取って援助の方向性を見出す視点は弱い。その結果、
「自由遊び」と呼ばれている活動と一斉活動との間の連関、あるいは前日の「自由遊
び」と翌日の「自由遊び」との連続性を踏まえた環境の構成などはほとんど見られな
いのである。若い保育者ばかりの、しかも入れ替わりの多いこのA園においては、「や
ることがはっきりしている生活」を示されなければ、日々の保育を営むことは困難な
のかもしれないが、一人一人の子どもの自己拡大をていねいに援助する保育とよぶに
は程遠い。

　小川博久は似たような状況の園を観察し、「こうした園では保育者はどういう保育
をすることになるか。1つは感覚的に遊びを把握し、印象で動くことである。もちろ
ん、非日常的出来事が発生すれば、それに対応する処置はできるであろうし、その状
況をしっかり見ることも可能であろう。しかし、日常的に繰り返される保育の中では、
保育者は感覚的バランスで動き、子どもと共感的に時を過ごしたいという願いに支配
されて行動することしかできない」[2]と述べている。「自由遊び」の時間は子どもの
自由なので、保育者は共感性を発揮し、「一斉活動」の時間に指導性を発揮するとい

　2）小川博久／スペース新社保育研究室編『保育援助論 復刻版』萌文書林、2010、p.198

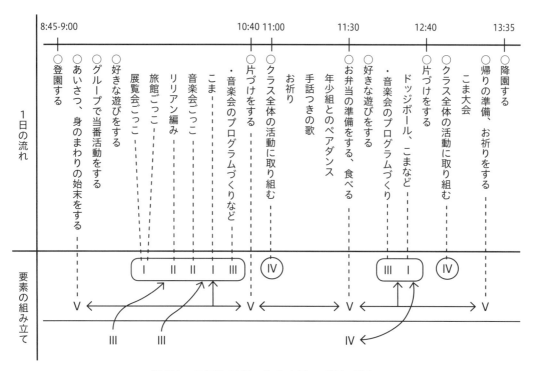

〈図7〉　B園年長組のある1日の「日の流れ」

う二分的な思考ではなく、いずれの「時」にも子どもの経験を支えるには共感性と指導性は同時に発揮されなければならないだろう。

　B園の5歳児の「日の流れ」の項目を見てみよう（図7）。「好きな遊びをする」と書かれている時間がA園における「自由遊び」に当たる。こうした「日の流れ」の記述だけを見ると両者とも同じ意味をもつ時間帯のように思えるが、保育者の思考プロセスにはまったく異なるものがある。

（2）「好きな遊び」の組み立ての重層性

　「日の流れ」のなかの「好きな遊び」として、「展覧会ごっこ、旅館ごっこ、リリアン編み、音楽会ごっこ、こま、など」、課題活動として「音楽会プログラムづくり」があげられている。子どもはこの時間帯にこれらの遊びのどれに取り組むかを自己選択できる。子どもが選択の主体者であるといった意味で「好きな遊び」という名称で括られているが、放牧的にすべてが子どもの好きに任されているわけではない。そこには保育者の願いを具現化した環境も意図的に組み込まれている。「遊びが生まれるきっかけ」「期待できる経験」「自己選択の範囲」等の視点から各遊び（活動）を見ると、おおよそ次の3層の特徴をもった遊びが渾然と同時進行で行われているのがこの時間

帯である。

I　〈旅館ごっこ〉〈展覧会ごっこ〉など。旅館ごっこは深く掘った砂場から露天
　　風呂を連想したことから、また、展覧会ごっこは家から絵を描いてもってき
　　たことからはじまったもので、どちらも環境にかかわっているうちに子ども
　　があるイメージをもちはじめた遊びである。保育者は遊びの発生を予測して
　　いなかったが、「日ごろから人とかかわる力をもっと育てたい」と思ってい
　　た子どもが取り組んでいることから、他の遊びとかかわりがもてるような援
　　助をしようと考えている。Iの遊びでは環境にかかわって子どもが生み出し
　　た遊びを尊重し、保育者はそこに「ねらい」に向かう可能性を模索し援助する。
II　〈リリアン編み〉〈音楽会ごっこ〉は週のねらい（友だちと共通の目標や課題に
　　向かって一緒に遊びを進めるおもしろさやクラスの一体感を十分に味わう）に向
　　けて担任から積極的に環境設定がなされた。ここでは翌週に予定されている
　　音楽会に自分で編んだマフラーをして登場したら素敵ではないか、という担
　　任の投げかけと環境設定（リリアン編みのコーナー・音楽会のステージ）がな
　　された。やるもやらないも子どもの自由だが、子どもの育ちに適合している
　　活動だと多くの子どもが興味を示すことが多い。リリアン編みにも入れ替わ
　　り立ち替わり多くの子どもが取り組みにくる。保育者は願いを込めて環境を
　　構成するがそれは子どもの経験を限定することを意味しないので、個々の経
　　験を的確にとらえて援助する。
III　いつやっても誰とやっても自由だが、ある一定の期間のなかで全員が経験を
　　共有できるように投げかけられ、環境設定されている活動。〈音楽会のプロ
　　グラムづくり〉は「生活に見通しをもって自分から取り組んでほしい」とい
　　う願いから、「翌週行われる音楽会のプログラムを翌日持ち帰るので、それ
　　までにつくりあげよう」との担任の投げかけを受け止め、自分で取り組むよ
　　うに期待されている。

　Iの遊びの特徴は、遊びのテーマ、遊びの場、遊びの仲間を自ら選びはじめた遊び
であることで、保育者は子どもがはじめた遊びがどのような経験をもたらすかを読み
取りながらその週のねらいに向けて遊びが充実するよう援助する。〈こま〉のように、
それがはじめて提案された数週間前は「全員が回せるようにしよう」という強い期待
（III）が担任から示されていたが、その課題を全員が乗り越えた後は、自分なりに新
しい回し方を工夫する姿が見られるなど、Iの要素が強くなっていった。

　Ⅱは新しい遊びに気づかせたり経験の偏りをゆるくしたりするために、経験してほしいと思うことを保育者が積極的に環境を通して提案したものを、子どもが自らの遊び課題として自分の内に取り込む活動である。いくら環境にかかわって生み出す遊びを尊重するといっても、かかわっていきたいと思う環境がなければ子どもの主体性は発揮されない。子どもが遊びに没頭するおもしろさを十分に味わえるように興味・関心、季節感に合わせた新しい遊びとの出会いを構想し、環境を通して提案していく。

　Ⅲは子どもの育ちに応じて次に共通に経験をさせたいことを意図的に構想するもので、コーナー設定などを通して提案する遊びや課題である。年齢が低い場合はむずかしいが、次第に子どもは自分なりに「いつ」「どのように」取り組むかを考えながら、1日の生活を組み立てるようになる。年長組になると小グループに課題が与えられることも多くなり仲間と相談する経験を積み重ねていく。

　Ⅰ・Ⅱ・Ⅲは「好きな遊び」[3]として一括りにあげられ、記述上は時間的・空間的には並列関係であるかのように見えるが、内容は重層的であり、子どもの経験の幅に広がりをもたらす。年齢が高くなればなるほど組み合わせは複雑になっていくのである。

（3）「好きな遊び」と「クラス全体の活動」の連動

　子どもにとって「集まる」ことも1日のなかで大きな楽しみである。園によって、あるいは年齢や時期によって「集まる」回数や内容は異なるが、1回も「集まらない」という園はほとんどない。入園当初の不安なときには保育者のまわりに集まって絵本を見たり、話を聞いたりすることによって安心を抱く子どもも多い。はじめての集団生活である園において、ホームベースであるクラス集団に帰属意識をもち、社会生活の喜びを味うとともに必要なマナーやルールを身につけさせることは園の役割の1つである。

　子どもにとってクラス全体の活動が楽しく意味あるものであれば喜んで集まる。クラス・学年全体で取り組む活動、いわゆる「一斉活動」（p.112図7では一斉の活動をⅣと表記）を通して集団のなかで行動する心地よさを味わい、集団のなかで一人一人が

　3）「好きな遊び」という語句からは、「子どもが気ままに好きなことをする」という姿をイメージしやすい。日案の「1日の流れ」に「好きな遊び」と書いてあると、そこにも「ねらい」が網の目のようにかけられていることが理解されにくい。特に幼小連携を進めるにあたって、小学校教員に、遊びは幼児の主体性と保育者の意図性の融点のもとで展開することを理解してもらう必要がある。そこで筆者は「好きな遊び」と書かずに、たとえば「友だちと相談しながら進める活動」というように、子どもに経験させたい内容がくみとれるような表記に変えるか、併記するように勧めている。しかしながら「好きな遊び」という表現は、子どもの主体性を尊重する幼児教育の独自性をあらわす側面もあり、また慣例で使用されることが多いため、本書では「好きな遊び」という表記を生かしている。

生かされる経験を積み重ねていく。

　視点を変えれば、クラス全体（学年全体、園全体の場合もある）の活動とは時間的・空間的には自己選択の幅は狭い活動であるが、それは子どもの主体性を阻むものではない。「自由」か「一斉」かというように対極的に両者を見ることは誤りである。両者は子どもの経験という視点からは連続しており、全体の活動での経験は「好きな遊び」の充実と深くかかわっている。たとえば図７にある昼食後の「好きな遊び」のドッジボールは繰り返しクラス全体の活動で取り上げたものである。遊びのおもしろさを十分に味わうと子どもは今度は自分たちで仲間を集めて遊びはじめるようになる。遊びのレパートリーの広がりは子どもの自己選択の幅を広げるのである。とくに以下のようなつながりを大切にしてクラス全体の活動の具体を構想したい。

　　・同じ体験を共有することによって、互いの共感性が高まる
　　・興味の幅が広がることと連動し、仲間とのかかわりの幅が広がる

（4）生活にかかわる活動

　園生活は生活と遊びとで成り立っており、とくに保育所は前者の比重が幼稚園に比べて大きい。本節の目的である「生活の組み立て」という視点から見れば「生活にかかわる行動」も時間的・空間的構想にしっかり位置づける必要がある（図７ではⅤと表記）。

　「好きな遊び」から「全体の活動」へ移行する際には遊んだものを片づけるし、昼になれば昼食を準備し食べる。このような生活にかかわる自立行動は子どもの遊びを支える基盤である。たとえば、子どもは遊びのなかにモノを取り込むが、モノを取り込み過ぎると遊びのイメージは拡散し結果として遊びが崩壊してしまうことがある。モノを整理する力は遊びを展開する力と通底しているのである。Ⅰ～Ⅳの活動との関連でいえば、遊びが充実していると片づけは主体的に行われるし、クラス全体の活動への意欲が高いとそれを目指した片づけ行動は意欲的に行われる。生活行動だけを取り出して強制的に身につけさせようとするのではなく、「日の流れ」のなかで前後の活動と生活行動がどのような関係と意味をもつのかを踏まえる。

　前述のＡ園の場合、「自由遊び」の時間はⅠの要素、「一斉活動」はⅣの要素、というように組み立てが単層で、１日の生活が連続性のある営みとなっていない。年齢や時期によっても異なるが、図７の〈要素の組み立て〉に示したように生活の組み立ては重層的であり、子どもが自分で自分の世界を広げることを助ける。

II 行事のとらえ方と指導

　遊びを中心とした保育とは、自発的活動としての遊びを中心とした生活のなかで、保育者からの適切な援助を受けながら、子どもが必要な経験を積み重ねていくことができる保育である。したがって子どもが環境に自らかかわって生み出す遊びが尊重される。

　では、教育課程に位置づけられている行事はどう位置づくのか。行事の位置づけや意味づけがあいまいだと、急に保育者が敷いたレールの上に子どもをのせるような保育が起こり得る。本節では子どもの主体性が損なわれず、生活がより豊かになる行事のあり方について考えたい。

1．行事の意味と課題

（1）園における行事の意味

　園にはさまざまな行事がある。前節で取り上げた音楽会ごっこは年度当初から予定されていた行事ではなく、そのときの子どもの姿（ある特定の子どもにスポットを当てて、集団のなかに位置づけたい、グループで目的をもって取り組む活動の経験を深めてから卒園させたい）から「音楽会は、今、子どもの経験として必要だ」と判断し、急遽、設定したものである。音楽会でなくてもよかったが、この事例では、スポットを当てたいと思った子どもたちが興味・関心をもっていたのが音楽だったので、全体に広げたのである。このように、そのときの子どもの姿に合わせて内容や日にちを決めるというのが、子どもの生活に密着した柔軟な行事のあり方といえるが、それだけを追求していると問題も生じる。同一学年複数学級の園ではクラスによって経験に差がありすぎることは望ましくない。保護者も納得しないだろう。ある程度の足並みを揃える必要もある。また、子どもの姿から導き出していくような行事の考え方を貫き通すと経験が抜け落ちていくものもある。行事があらかじめ計画されているからこそ、重点的に子どもの経験が積み重ねられることもある。したがって園行事は長期の指導計画に位置づけられ、その多くは年度当初に日にちも決められている。

　ある新人の保育者は１年間を振り返って「行事に振りまわされた。１つの行事が終わると次の行事の準備がはじまり、あっという間の１年だった」と感想を述べている。幼稚園教育要領には「指導計画の作成上の留意事項」の１つとして行事の指導をあげ、次のように述べている。

　　　「行事の指導に当たっては、<u>幼稚園生活の自然の流れの中で</u>[①]<u>生活に変化や潤い</u>[②]を与え、<u>幼児が主体的に楽しく</u>[③]活動できるようにすること。なお、それぞれの行事についてはその教育的価値を十分検討し、適切なものを精選し、幼児の負担にならないようにすること」（傍線筆者）

　行事はあくまでも子どもの日常の生活の流れに変化や潤いを与えるものであって、生活の自然の流れを壊すものであってはならないはずである。行事を取り入れすぎると、そのための準備に時間が費やされ、園生活の本来の楽しさは失われてしまうだろう。しかし、現実には前述の感想のように行事に追われて園生活が展開するという実態が残念ながらある。本節では、行事について、幼稚園教育要領の文言を受けて、次の３つの視点から考えてみたい。

　①生活の自然の流れの延長線上にある行事とは

　②子どもが主体的に楽しく活動できるための保育者の働きかけとは

　③生活に変化や潤いが与えられる行事とは

　まず、多くの園で取り組んでいる行事を整理してみよう。行事は大きく分けて４つに分類される。１つは学校文化が育んできたいわゆる学校行事と通底するところの園行事（運動会・作品展など）、１つは季節の伝統行事（ひな祭りなど）、それから、一部私立学校で取り組んでいる宗教教育における宗教行事、最後はこれらの分類に入らない、地域の行事や社会的行事に園も参加したり、ときには商業ベースに巻き込まれたかのような行事などがある。

　それぞれにおいて、取り組みを見直さなければならない点があるように思われる。

●いわゆる園行事に関して

　園行事の多くの目的は、日ごろの活動を焦点化し、体験にあるまとまりをもたせる機会を子どもたちにもたらすことにある。しかし、同時に、その多くが「在園児の保護者や家族に開く」あるいは「地域に開く」「未就園児の家庭に子育て支援の一環として開く」という性質をもっており、「見せる」ことを意識した指導になりがちな点に問題が起きやすい。その象徴的存在が運動会である。一部の園では、運動会が入園募集を直前にした行事であるため、未就園児家庭への格好の宣伝の場として位置づけられ、「立派な運動会」を目指して子どもたちに無理な取り組みを強いているケースもある。９月の残暑厳しいときに行進などの練習にしばられている子どもを見ると、

果たしてそれは誰のために行われているのか疑問に思う。行進も運動会の練習もそれが子どもに必要な経験の範囲であれば問題はない。たとえば、クラス意識が高まる5歳児では並んで歩くことの気持ちよさも必要な経験であるし、勝敗のおもしろさも行動の動機となり得る。しかし、「見せるため」という大人の意識が優先されると活動のプロセスよりも結果が重視され、子どもがそこで何を経験しているかが置き去りにされてしまうのである。

　繰り返しになるが、行事はその取り組みを通して、生活に変化や潤いを与えるものであり、子どもが主体的に楽しく活動できなければ意味がない。子どもの主体性が発揮されるときというのは、そのものに興味関心が高まったときである。いったん子どもが興味関心を示しはじめれば、子どもは自分のイメージを自由に発揮したがるものである。保育者は、子どもの興味関心を高めるために計画的に環境を構成していきながら、自分の計画に子どもを「合わせさせる」のではなく、子どもの取り組みの姿との相互交渉を通して、保育を展開していくべきである。

●季節の伝統行事の取り入れ

　古来、日本にはさまざまな季節の行事があり、各家庭で守られてきた。しかし、核家族化が進み伝統文化を継承する仕組みが失われた今、それを伝承していくことも園の役割の1つとなっている。伝統行事には端午の節句や七五三のように子どもの成長を祝い祈る行事や農耕社会の歳時記としてわが国に定着してきた、日常から離れて「ハレ」を祝い楽しむ性質のものが多く、本来は私たちの生活に密着したものであった。季節感や生活感が失われてきている現代だからこそ、ますます伝統行事を園が中心となって伝承していく必要があるものと考える。その際、見直さなければならない

のは、その本質をとらえずに、製作活動など、何かの指導のきっかけとしてとらえることである。たとえば、子どもの日には鯉のぼりづくり、七五三には千歳あめの袋づくり、ひな祭りには人形づくりと、季節の行事を製作活動につなげることのみを大切にする保育である。このような保育は俗に「お土産保育」と呼ばれており（ほぼ毎日、一斉につくったものを土産のように持ち帰る保育）、前述の問題と同じで「つくる」という動機やそのプロセスよりも、保護者の目を意識し、「つくった」という結果を重視している保育である。

　一つ一つの行事の起源を紐解けば、いわれはいろいろとあるだろうが、そのことを正確に伝承することだけが、園で取り組む目的ではない。それではなぜ、学校教育のなかに季節の伝統行事を取り込むのだろうか。伝統行事の本質とは「共同」であると考える。かつて農耕中心社会では、地域で季節の伝統行事を守ることを通して共同体意識を高めてきた。「共同」の意味は農耕中心社会の昔と今とでは変化してきているが、現代は異なる意味で共同体意識が求められているからであろう。

　ある園では餅つきに保護者の手伝いをお願いしている。保護者のなかには、はじめて餅つきを体験する人もいる。ある保護者は、段取りよく分業されている餅つきの行程を見て、自分がその輪のなかで生かされていることを実感したと述べた。そして、わが子だけでなく他の子どももかわいいと思えるようになったという。わが子と向き合うことで子育てに煮詰まる保護者も多い。みんなで子どもを育てるという共同体としての子育て意識は保護者の子育て不安を軽減する。園は子どもの成長を祝う伝統行事（節句など）や、季節の節目を感じたりする伝統行事（餅つき・節分など）を中心に実施し、その実施に当たっては積極的に保護者を巻き込み協働の喜びを共有することが求められている。

●その他の行事への参加

　その他の行事のなかには、幼児教育の今日的な役割として取り組みが求められているもの（未就園児家庭の子育て支援、小学校や中学校など他校種との連携等）や、地域に開かれた園運営（地域のお年寄りとの交流、地元とのかかわり）に付随して取り組みが求められるものがある。

　ある幼稚園の10月の1週間の予定を見せていただき驚いたことがある。「月曜日：近隣の小学校の生活科のお店屋さんごっこに参加する、火曜日：隣接の中学校の職業体験で中学生が20人近く遊びにくる、水曜日：近くの高齢者施設と交流し歌を聞かせる……」と1週間の予定が詰め込まれていた。たまたまその週が特別に忙しかったのかもしれないが、子どもの遊び時間は細切れにならざるを得なかったことは想像できる。

　遊びの時間が細切れになるということは、人やモノにかかわって生み出す自発的活動が深まらないということである。どの交流行事も大変意味がある。だからこそ園の活動として取り入れているのだが、多すぎると忙しく子どもを追い立てることになり、本末転倒となる。

　しかも近年は地域との連携をさらに意味あるものにするために、活動を単発に終わらせない試みが進んでいるために、余計に行事が立て込む事態を招いている。活動の目的自体は子どもにとって大変意味あることなのだが、やはりどこかで精選を図らないと、生活に潤いをもたらすことにはならないだろう。

　園の存続をかけて経営努力をしようとすると、園を開き、取り組む行事が増えていく傾向を生む。行事を増やすことはたやすいが1度取り組んだ行事を減らすことはむずかしいので、園生活は年々忙しさが増しているように思える。行事の精選は言葉にするほどやさしくないが、保育の質を高めることが大事な課題である今、行事の意味をしっかり問い直す必要があるだろう。

（2）行事のいろいろ

　表6は一般的に園で取り組んでいる行事の一覧である。もちろん、その園の設置状況によって異なる部分もある。たとえば地域とのつながりが強い園では祭りなどの地域行事へ参加する回数が多いだろうし、宗教教育を行っている園では宗教行事は園生活の根幹をなすものとしてしっかり位置づいているだろう。

　ここであげた園行事は、どこの園でも取り組んでいるような一般的なものである。このうえに現在は、家庭との連携行事が各園の創意で設定されている。たとえば、以前は保護者は「参観」という形で園のなかに入っていたが、現在は家庭との連携の深化を目的とした「参加型」が重視されている。たとえば、従来は父親が来園する機会は6月の父親参観日くらいであったが、今では年間に何回かの土曜日を「お父さんと遊ぼうデー」として設定している園もある。その日は園内で共同製作を楽しむところもあるし、園外の自然に触れる体験型の参加行事も多い。（例：地域性を生かした地引網体験・登山体験等）

　また、先にも述べたように園は地域の子育てセンター的役割を担うようになり、就園前の親子のための活動も入ってきている。地域に密着すればするほど、近隣の小中学校との連携活動、近くの高齢者施設など、他機関との連携活動などもあり、すべての活動に取り組もうとすれば、日常の生活は極めて忙しくなることは必至である。本来は子どもの生活を潤すためにあるものが、逆に生活をやせ細らせるようなことにな

〈表6〉　年間行事例

月	園行事	季節の伝統行事	社会的行事・地域行事（宗教行事・本園例）
4月	入園式 始業式		（イースター）
5月	親子遠足 （健康診断）	端午の節句	子どもの日・母の日 （昇天日礼拝）
6月	父親参観日		時の記念日・父の日 虫歯予防日
7月	宿泊保育	七夕	夏祭り
8月	夏季保育		
9月	始業式	お月見	敬老の日
10月	運動会 秋の遠足		
11月	作品展 遠足	七五三	（収穫感謝礼拝）
12月	生活発表会	餅つき	（クリスマス礼拝）
1月	始業式	正月行事	
2月	音楽会	節分	
3月	終業式 卒園式	雛祭り	
毎月 その他	誕生会 周年行事		

らないようにしたい。

　これらの一般的に園で重視されている行事のなかから、運動会と生活発表会（小学校における学芸会に近いもの。子ども会と呼ぶ園もある）を取り上げ、日常の遊びをどのように大切にして、つなげていくか、自然な流れで「ハレ」の場である行事に結びつけていくか、その考え方と進め方について述べたい。

　行事は扱い方によっては、子どもに緊張と束縛感を与えるものであるが、本来の子どもの生活と行事の意義を押さえれば、生活に潤いと変化を与え、子どもの育ちを促すものとなる。

2．運動会の取り組みを通して

（1）運動会の意味 ——保護者との関係を視点にして——

　「ナオトがほっぺたをふくらませて一生懸命に走ってくる姿を見て、涙があふれてきました。ほんの半年前はまるで赤ちゃんぽくてぼーっとしていたナオトが、

　今はみんなと一緒に走ったり、おどったりしている！　成長したんだなと思い今日の運動会は感激のしっぱなしでした。」

　これは運動会の後に寄せられた感想文である。ナオトはクラスのなかで生まれが1番遅く、母親は「みんなについていけるだろうか」といつも心配していた。運動会はナオトの母親にとって入園から半年間のわが子の成長を改めて認識するよい機会となったようだ。
　子どもたちの成長を「目に見える形」にして保護者に示すというのは園における行事の目的の1つである。行事を節目として確かに子どもが飛躍的に成長を示すことがあり、保護者は成長した子どもの姿を見て、園の教育への理解を深める。なかでも運動会は、地域とのかかわりを含めて、日本の学校文化に根づいているものであり、保護者の期待も高い。しかし、そのことと「保護者に見せるため」に「見栄えのよい」「立派」な運動会を目指すこととは、まったく異なるということを認識したい。
　保護者に見せることに重点が置かれすぎると、主役である子どもにとっての運動会の意味が置き去りになる。運動会を通して保護者に見てもらいたいことは「立派にできる」ことではなく、子どもたちの心身の成長を認めてもらうことであり、子どもにとっては「運動することに対する意欲と喜び」「集団のなかに位置づき行動することの喜び」を感じることではないかと思う。ナオトの例を通して考えてみたい。

（2）一人一人にとっての運動会の意味を考え直す
　行事は子どもの生活に変化と潤いをもたらすもので、1つの行事をきっかけとして一人一人の子どもがぐんと成長したと感じることが多くある。とくに運動会の場合、

終わったあとにクラスのまとまりがよくなったり、人とのかかわりが広がったりする。そのためにどのような経験が行事を通して積み重ねられていく必要があるのか。前掲のナオトの記録から探ってみよう。

記録3-7

ナオトの実態

　1学期。ナオトはみんなで何かをするとき、「やらない」ということが多い。とくに身体を動かす活動では、緊張した表情で保育室の隅に立っていることが多い。私も一斉の活動を計画するとき「今度は一緒にやるかな」ということが心に引っかかるようになった。ナオトは友だちの動きを目で追っている。本当はやりたいのに自分にはできないと思い込んでいるように見えるので余計に焦る。

　夏休みが終わるとすぐに運動会ということも保育者の見通しのなかにあり焦っていた。そんなときに母親の話が大切なことを気づかせてくれた。母親の話によるとその日に友だちがやっていた踊りを断片的に家でやってみているという。もしかしたら保育者を含めた周囲のまなざし（活動に参加するかな……）が、本人を追い詰めているのかもしれない。クラス全体の活動だけの問題ではなく、本人が自分を出し切って園生活を送っているかどうかを考える必要を感じた。そこでナオトに対して次のような援助の方針を立てた。

- 遊びのなかで何に興味をもち、どこに課題があるのか読み取る。
- そのうえでナオトが「見ている」時間を肯定的にとらえる。
- 機会をとらえて、「自分にもできる」ということを経験させる。

　2学期。ナオトに対する援助の方針を変えたことが功を奏したのか、9月下旬、ナオトの遊びの姿に大きな変化が見られた。これまでユウジの後をついて遊んでいたナオトが、ユウジに向かって自分の考えを言うようになった。それと同時に登園をしぶるようになり、母親と離れたときに泣くようになった。これまでは、言いたいことがあっても言えずにがまんしていたのかもしれない。この入園以来のナオトのはじめての自己主張を「前進」ととらえ、できるだけナオトの好きな砂遊びにつきあうことにした。この時点で、ようやく私との関係づくりがはじまった。

　砂遊びを通して十分に満足したナオトは、私への信頼を深めたようだ。ナオトにとって私は「何かを要求したりやらせようとする」存在から、「共に楽しみ、笑

　　ってくれる」存在になったのだと思う。私とナオトを中心にした何人かの砂遊びは、ほぼ1週間続いた。もう運動会は2週間後に迫っているが、今はここが大事。

　保育者がナオトに重点的にかかわっていたころ、保育室では「忍者ごっこ」がはやっていた。年長組が1学期に忍者の踊りを教えてくれたのがきっかけである。覆面をして忍者同士が戦ったり、園庭に巧技台を出して修行ごっこをしたり、疲れると踊りをおどったりした。忍者のイメージは他のクラスにも広がっていき、園中を覆面をした4歳児が走りまわっていた。そこで4歳児学年では2週間後に迫った運動会にこの遊びが生かせないかと考えた。

　なぜなら、この遊びで子どもたちが経験していることは以下のような点で、これは運動会を通して経験させたいと思っていたこととつながっていると思われたからである。すなわち、
・友だちとの遊びのなかで一人一人が伸びやかに動けるようになっている
・友だちとイメージを共有して遊ぶ楽しさを味わっている
・みんなと同じ動きをすることに心地よさを感じ、自分から楽しんでいる
そこで忍者のイメージで遊びを進め、それを運動会の活動にそのまま移行させることにより、
・クラスのみんなと喜んで走ったり動いたりすることを楽しむ
・一人一人が伸びやかに動く楽しさを味わう
という運動会のねらいが達成できるのではないかと考えた。

「僕もやってみようかな」

　ナオトはその日は砂場に行かず、修行ごっこを見ていた。私が「一緒にやってみる?」とたずねると「やってみようかな」と言って、忍者たちが渡って遊んでいたはしごをのぼりはじめ、サーキットのようになっている巧技台を組み合わせた修行の場で、しばらく身体を動かして遊んだ。

　その日、クラス全体の活動として忍者の踊りをしたところ、ナオトはユウジと一緒にはじめて楽しそうにおどったのである。今まで「一斉の活動には参加させるもの」と決めつけ、参加できない子どもの内面をさぐる姿勢がなかった。やらない子どもも楽しいことを友だちと一緒にやりたいと心のなかでは思っている。それを行動に表せない壁を取り除いてやらなければならないと改めて思った。ナオトの場合、私との関係がしっかり築けていなかったことに原因があったようだ。友だちと遊んでいるから……と安心していたところがあったと反省した。

　こうしてナオトは運動会に彼なりに楽しそうに参加し、その結果、冒頭の母親から
の感想文になるのである。ナオトの変容のきっかけは、「何かを要求したりやらせよ
うとする」存在から、「共に楽しみ、笑ってくれる」存在へと保育者自身のあり方を
見つめ直したことにある。「行事」に向かうときに、「全体を方向づけなければならな
い」という思いが先走るので、「させよう」という意識がつい前面に出てしまうこ
とがある。子どもは保育者のあり方に敏感である。「今はここが大事」とあるように、
いくら大きな行事をひかえていたとしても、子どもと保育者の関係構築をないがしろ
にしてはならない。

（3）日常の生活と運動会の具体的活動をどうつなぐか

　運動会のような集団行動が中心となる活動の場合、保護者や保護者以外の観客がた
くさん来ることもあり、「きちんと」行動できるかどうかに目が行きがちになる。園
にとって、対外的に重要な行事であるにしろ、まず大切にしなければならないのは、「出
来栄え」や「見栄え」ではなく、それまでに子どもがどのように育っていて、次にど
のような経験が必要かということである。子どもというのは保育者から自分が認めら
れ、また、集団のなかに自分の安定した居場所を見つけることができるようになると、
ゲームやリズムのような集団で行う活動に喜んで取り組むようになるのである。その
延長上の1つの区切りが運動会である。
　p.117で示した3つの視点に戻ってみよう。
①生活の自然の流れの延長線上にある行事とは
　「自然の流れ」とは2つの方向から解釈できる。1つは、子どもの興味・関心に沿
っているという方向である。たとえば記録3-7でいえば、年長組が踊りを教えてくれ
たことがきっかけではじまった忍者ごっこを、運動会につなげていこうという流れで
ある。多くの子どもがこの遊びに参加している姿を見て、保育者は「運動会にこの遊
びが生かせないか」と考えた。行事ですべての子どもが同じ方向に向かう（向かいた
いと思う）には、日ごろの生活のなかで取り組まれている関心の高いテーマや遊びを
取り上げることが有効である。そうすることによって意欲が高まり、自然の流れの延
長上に行事を体験させることができる。「例年やっているから」と同じプログラムを
立てたり、保育者がどこかの保育雑誌から仕入れた競技を、突然、「練習」という形
で子どもにさせるとしたら、それは生活の自然の流れとはいえない。

　もう1つの方向は、子どもの育ちの方向である。記録3-7において、保育者は「忍者ごっこ」を取り上げるとともに、「忍者ごっこ」に見られる子どもの育ちを押さえている。すなわち、〈友だちのなかで一人一人が伸びやかに自分を出している〉〈友だちとイメージを共有して遊ぶ楽しさを味わっている〉〈みんなと同じ動きをすることに心地よさを感じている〉の3点である。ナオトの場合、一見、活動そのものには興味・関心を示していないように見えても、育ちという観点から見ると、十分に友だちと同じ活動に参加する準備は整っていた。「みんながやることは一緒にやらなければならない」というとらえ方を保育者がしたならば、強制的な指導になるだろう。保育者がナオトと個別の関係を築くことからやり直したように、自然に参加したくなるように導くには、保育者との信頼関係を築き、集団のなかのその子どもの育ちを把握して援助することである。

②子どもが主体的に楽しく活動できるための保育者の働きかけとは

　上述したように、子どもの興味・関心を大切にし、育ち合った内容を考えることによって、子どもは主体的に活動に取り組むことができる。どうやったら多くの子どもが興味・関心を同じ方向に向けられるようになるのだろうか。

　それは環境の構成を通して行われる。忍者ごっこは、忍者の格好をしたり、設定された修行の場で忍者の振りをすることで、この遊びへの動機が高まっていった。個の動機が高まりおもしろそうに動く姿が、他の子どもの共感を呼び、参加する人数が増えていく。子どもたちが楽しそうに動ける環境、内的動機を高める環境の構成を保育者は考える。

③生活に変化や潤いが与えられる行事とは

　行事があることでもたらされる生活の変化とは、日常の生活では体験できないようなワクワクした特別な気持ちを子どもが抱くことによって生まれる。潤いも同様である。保育者は行事があることで、日常的に取り組んでいるテーマや活動を焦点化し、意識的に環境を構成する。そうすることによって、日常的には遊び慣れた友だちと慣れた遊びを繰り返しがちな子どもたちも、やってみたことがない活動に取り組んでみたり、はじめて体験するおもしろさに出会ったりする。

　しかも、多くの行事は大人の見守りのなかで行われるため、子どもたちは自己肯定感や有能感をもつことができるのである。子どもたちが行事に主体的に取り組んでいる園では、その当日が終わったあとも、遊びのなかでその行事が再現され、余韻を楽しむ姿が見られる。運動会で見た年長組のダンスを年少組がまねする姿、年長組のリレーに年中組が自由に参加している姿などを見ると、行事が1つのきっかけとなって、子どもの遊びがさらに豊かになったことを知ることができる。

　次ページの図8は筆者がクラス担任をしていたとき、運動会の前日に保護者に配布した手紙である。「1学期からの積み重ねを大切にし、くる日もくる日も練習などという幼児にふさわしくない生活をしていないからです」という記述にあるように、筆者が勤務していた幼稚園では常に子どもにふさわしい生活を追い求めており、運動会も2学期になって急に準備をはじめるのではなく、日常の連続性を大切にしようとしていた。

　すなわち、1学期の間に育った点（4歳児においては、友だちと遊ぶおもしろさを味わう・遊びに必要なものを自分たちでつくる・リズムに合わせて身体を動かす喜び・クラスの友だちと同じイメージで遊ぶおもしろさ等）と興味関心が高かった遊び（怪獣ごっこ・恐竜ごっこ等）との接点に運動会の具体的な競技を設定していた。

　行事（とくに保護者に開かれた行事）の指導に当たっては、保育者はつい「何をするか」という具体的活動を真っ先に考えてしまう。そうではなく、子どもにとって、「今」、どんな経験が必要かを考え、その行事を通してこそ経験できることは何かを考えて、具体的活動を導き出す必要があるのである。

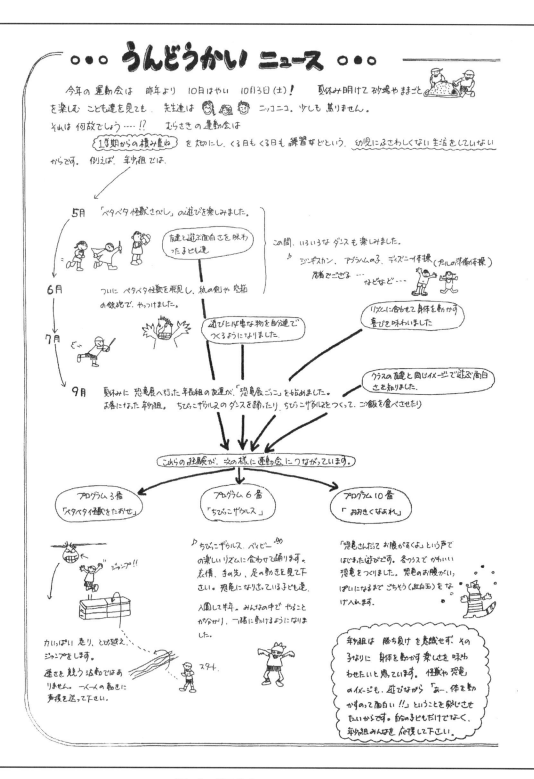

〈図8〉 「運動会」ニュース

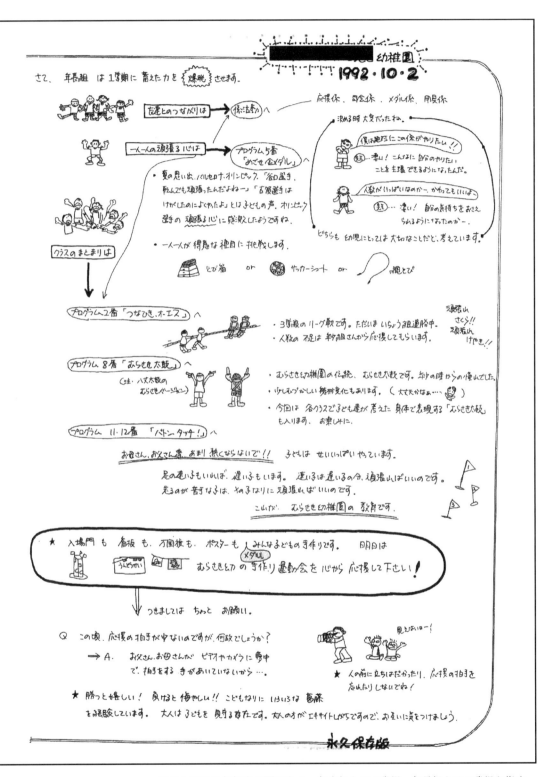

███████████ 幼稚園
1992・10・2

さて、年長組 は 1学期に 蓄えた力を 〔爆発〕させます。

友達とのつながりは → 係活動へ

応援係．司会係．メダル係．用具係。

決める時 大変だったね。

僕は 絶対に この係が やりたい！！
(注) 凄い！ こんなに 自分のやりたい ことを主張できるようになったんだ。

人数がいっぱいなのかー。 かわってもいいよ
(注) … 凄い！ 自分の気持ちをおさえ られるようになったのかー。

どちらも 幼児にとっては 大切なことだと、考えています。

一人一人の 頑張る心は → プログラム5番 「めざせ 金メダル」へ

・夏の思い出、バルセロナ・オリンピック．谷口選手． 死んでも頑張ったんだよねー。「谷口選手は けがしたのによくやったよ」とは子どもの声。オリンピック 選手の 頑張る心に 感激したようですね。

・一人一人が 得意な種目に 挑戦します。

とび箱　 or　サッカーシュート　 or　縄とび

クラスのまとまりは

プログラム 2番 「つなひき、オーエス」へ

・3学年の リーグ戦です。ただいま いちょう組 連勝中。
・人数の 足は 年少組さんから 応援してもらいます。

頑張れ！！ さくら！！ 頑張れ けやき！！

プログラム 8番 「あらせき太鼓」へ
(注: 八丈太鼓の むらせきバージョン)

・むらせき幼稚園の 伝統、むらせき太鼓です。年少の時からの 憧れでした。
・少しむづかしい 隊形変化も あります。（大丈夫かなぁ……）
・今回は 各クラスで 子ども達が 考えた身体で表現する「むらせき太鼓」も 入ります。お楽しみに。

プログラム 11・12番 「バトンタッチ！」へ

お母さん、お父さん達、あまり 熱くならないで！！ 子どもは せいいっぱい やっています。

足の 速い子も いれば、遅い子も います。遅い子は 遅い子の分、頑張れば いいのです。
走るのが 苦手な子は、その子なりに 頑張れば いいのです。
これが むらせき幼稚園の 教育です。

★ 入場門 も 看板 も 万国旗も、ポスター も みんな子どもの 手作りです。 明日は
むらせき幼の 手作り運動会を 心から 応援して下さい！

つきましては ちょっと お願い。

Q この頃、応援の 拍手が 少ないのですが、何故でしょうか？
　→ A. お父さん、お母さんが ビデオやカメラに 夢中で、拍手をする 手があいていないから…。

見えないー！

★ 人の前に 立ちはだかったり、応援の 拍手を 忘れたりしないでね！

★ 勝つと 嬉しい！ 負けると 悔やしい！！こどもなりに いろいろな 葛藤 を 経験しています。 大人は 子どもを 見守る存在です。大人の方が エキサイトしがちですので、お互いに 気をつけましょう。

永久保存版

※この園は2年保育の園であり、年少組とは4歳児、年長組とは5歳児を指す。

3．生活発表会の取り組みを通して

（1）生活発表会の意味

　園行事のなかで、「運動会」「作品展（展覧会・造形展）」「生活発表会（子ども会）」の3つの行事はとくに重視されており、どの園でも指導に力が入るのではないかと思う。

　もちろん、子どもの活動は総合的であることが望ましいので、運動会に向けての活動として会場を飾るための旗や入場門づくりなどの造形活動が入ったり、演目のなかにリズム表現が入ったりする。保育者は、運動会だからといって毎日リレーの練習をさせるというような活動の偏り方がないようにしなければならないが、この3つの行事それぞれには特性があり、子どもが主に経験することにも違いがあることも同時に押さえておく必要がある。

　たとえば、運動会は主に全身の運動活動を中心としていて、子どもたちは全身を動かして活動する心地よさや、みんなで力を合わせる喜びを身体的な共鳴を通して味わうだろう。作品展では、子どもの個人作品を飾ることを中心としたものや、つくったもので遊ぶことを目指したものなど、考え方はいろいろあるだろうが、子どもたちはいずれにしても、伸び伸びと描いたり、つくったりして表現する喜びを味わうだろう。そして、生活発表会では、友だちとイメージを共有し、演じることの喜びを味わったり、「見せる」ことの晴れがましさや表現することの楽しさを味わったりするだろう。

　園によって行事の組み方は異なるが、多くの園では教育課程のうえで、まず10月初旬ころに運動会を実施、それから作品展を行い、12月下旬から2月中旬までの間に生活発表会を位置づけている。

　園行事とは個々の子どもの興味関心に基づきながら、他者との共同作業を伴うもので、「みんなで取り組む」ことに大きな意味がある。ねらいとしても「園全体の活動の流れがわかる」とか「クラス全体の目的に向かって力を合わせる」というように集団で活動することを喜ぶ力の育ちをねらったものが多く、子どもたちは在園中に行事の体験を積み重ねることを通して、次第に他者と協同する喜びとそのなかで自己を発揮する喜びを深く味わっていくようになる。

　この3つの行事の活動の特性を踏まえると、そこで育まれる「協同」の意識には質的な違いがある。

　運動会は身体的な感覚を通して仲間との一体感が高まるのが特徴である。リレーの応援をしたり、勝ったときにみんなで喜んだりすることで、身体を通して集団としての高揚感が高まっていくために、子どもたちは集団のつながりを感じ取りやすい。年

齢が低い子どもであればあるほど、動作が共鳴することで人とのつながりを感じ取りやすいからである。

　作品展の場合は、学年が進むと仲間と共同作品などに取り組むことが多くなる。イメージが具体物として目の前にできあがっていくのが造形的な活動の特徴であるため、完成に向かう見通しがもちやすく、どの点にどのような共同作業が必要なのかを子ども自身が把握しやすい。運動会で身体を通して得られた仲間との一体感は、次に造形活動を通して「協力して完成させる」といった満足感へと高まっていく。

　多くの園では、その後に生活発表会があるのだが、ここで取り上げられる活動は、イメージの世界を身体と言葉を通して他者とともに表現する活動であるため、前の2つに比べると、子どもは具体的な手がかり（運動会における勝敗や作品展における造形物等）を掴みにくく、自発的に仲間と連動して活動を進めることがむずかしいという特性をもっている。それぞれの行事の特性を踏まえると、運動会、作品展、生活発表会という流れは子どもの育ちにとって適切であることがわかる。

　筆者の知るかぎりでも、表現（なかでも劇遊び）の指導を苦手だと思っている保育者は多く、数ある行事のなかでも生活発表会はとくに緊張するといっている。日常の生活とのつながりを大切にしたいが、どこに指導のポイントを置くとよいかわからないので、結局、保育者主導の指導に陥って子どもを引っ張ってしまうようである。劇遊びは結果としてまとまるかもしれないが、それが子どものどのような育ちに寄与するかというと確かな手応えが得られないということも多い。

（2）生活発表会の指導における問題

　幼児教育への課題が増えるに連れて年々行事の数も増えてきており、行事に追われずに子どもと向き合いたいと多くの保育者は願っている。もちろん、行事を精選することも必要であるが、その行事がどうしたら自然の流れのなかで展開され、子どもの育ちを支えるものになるかを考えることが大切だろう。生活発表会もそうである。

　生活発表会で主に取り上げられる活動は劇的表現、音楽的表現（歌や合奏）、リズム表現（ダンスなど）などである。小学校で行われる学芸会を幼児向きにしたものとイメージしていただきたい。生活発表会の当日は多くの家族が見に来るので、地域のホールなどを借りて実施している園もある。「発表会」であることを強く意識すれば、それが望ましいことではないとわかっていても「見せる」ことに意識が向けられがちになるだろう。「見せる」ことを意識すると、見栄えが気になる。見栄えを求めて指導に当たれば、保育者主導の活動展開に陥ることになる。

　領域「表現」においては、内容の1つとして「音楽に親しみ、歌を歌ったり、簡単

なリズム楽器を使ったりなどする楽しさを味わう」ことがあげられている。そして「ここで大切なことは、正しい発声や音程で歌うことや楽器を正しく上手に演奏することではなく、幼児自らが音や音楽で十分遊び、表現する楽しさを味わうことである」[4]と押さえられている。発表会で音楽的な表現活動を取り上げる場合でも、この範囲を逸脱してはならないだろう。

　演じて遊ぶ活動においても同様である。内容としては「自分のイメージを動きや言葉などで表現したり、演じて遊んだりするなどの楽しさを味わう」とある。この経験内容は年齢によって押さえなければならない点が異なる。3歳児は一人一人が何かになりきって遊んでいる。園生活のなかで経験を重ねるうちに、次第に互いのイメージが重なり合い、目的やストーリーをもった遊びに変化していく。その子どもなりの表現が大切にされる経験が積み重ねられれば、5歳児になると実に豊かな表現活動が展開される。保育者は「特定の表現活動に偏るのではなく、幼児が幼稚園生活の中で喜んで表現する場面を捉え、表現を豊かにする環境としての遊具や用具などを指導の見通しをもって準備したり、他の幼児の表現に触れられるよう配慮することが大切である」[5]のである。

　保育者の役割は、日常の表現活動を大切にし、イメージの世界を十分に楽しめるように、多様な道具や用具、素材を用意し、環境を整えることである。こういった日常の表現遊びを発表会の活動へと方向づけるとき、まとめることを焦ったり、見栄えを優先させたりしてはならない。

　ごっこ遊びと劇的な表現遊びの大きな違いは、後者においては劇的なモチーフが明確で、終結に向けてストーリー性をもっている点にある。子どもたちが主体的に劇的な遊びを楽しめるようにするには、

- たくさんの絵本や話に親しませ、話のなかにあるまとまりを感じ、楽しむ力を育てること
- 生活のなかでたくさんの劇的なモチーフを発見する感性を養うこと
- 子ども一人一人の伸びやかな表現を認めて、演じることを喜ばしいと感じさせること
- また、表現を互いに認め合う人間関係を育てること

である。発表会が近づくと保育者が劇的表現の台本をつくり、一人一人に台詞を憶えさせようとする指導は望ましくない。まず、子どもの日常をよく見て、何に興味をもっているのか、どんな育ちがあるのかを把握することである。そのうえで、子どもに

4）文部科学省『幼稚園教育要領解説』フレーベル館、2018、p.240
5）同上、p.246

受け入れられる劇的なテーマを選び、子どもに提案すれば、子どもは主体的に取り組むだろう。自分なりの表現を認められ、十分に楽しめば「誰かに見せたい」と自然に意欲的になるものである。そのとき、他者（見る側）に伝わりやすい方法（演出）を提案してやるのが保育者の役割である。

　以下は2年保育4歳児の例である。生活発表に向かうに当たり、まず演目を決めるようなことはせず、次のような理解のプロセスを踏みながら、どんな活動を取り上げることが適切かを探っている。

〈例：2年保育4歳児〉

Ａ　子どもの育ちをとらえる
↓
・気の合う友だち関係を中心とした遊びのなかで、自分の思いを伝えようとしている。
・自分たちの遊び以外の遊びも見ていて、ときにかかわっていく。
・踊りの輪がいつの間にか広がっていたり、鬼遊びの人数が増えたりし、おもしろそうな遊びに自分から入っていけると同時に大勢で遊ぶおもしろさを味わっている。
・保育者の話に集中することができる。

Ｂ　遊びのなかで見られる表現の姿をとらえる
↓
・遊びに必要なモノを自分たちで用意できる。
・読み聞かせた話を自分たちで再現しようとする。
・お話づくりなどでは友だちの考えを聞いたり、自分なりのイメージを言葉で表現したりして、話ができあがっていく過程を喜ぶ。

Ｃ　生活発表会の取り組みを通して経験してほしいことを明らかにする
↓
・全体のなかの自分の役割と流れがわかって動く。
・身体、あるいは言葉で自分の思いを表現する喜びを味わう。
・クラス全体で取り組む活動に期待をもち意欲的に取り組む。
・人に見せることの晴れがましさを感じたり、人の表現を見る喜びを感じたりする。

D 具体的な活動の選択

　　　　↓

・上述の子どもの姿を踏まえ、日常の表現が生かされる活動を考える。

・クラスのまとまりを感じる大切な時期であることを考え、次の点を大切にする。

①クラス全体が参加し、つくりあげる劇的表現活動

②子どもの躍動的な表現が自然に見られるような音楽的表現活動

③豊かな表現やイメージを盛り上げるような造形的活動（劇の背景づくり、小道具づくりなど）

・これらのさまざまな表現が、生活からかけ離れることなく、子どもの主体的な活動となるようにすること。

・日常の表現活動を大切にするが、それは子どもの遊びの断片をつなぎ合わせるものではなく、演じていてワクワクするような劇的モチーフを大切にする。

・子どもの表現の喜びが生かせるような場面構成や環境の設定に留意する。

A〈子どもの育ち〉を把握する視点は、p.64で述べたように、「遊び課題（遊びへの取り組み）」「仲間関係（友だち関係）」の2点が中心であるが、運動会や生活発表会のように活動の特性から主に経験できる側面についての経験や育ちの把握も行わなければ具体的行動の選択はできない。生活発表会に向けての活動は、表現することが中心になるので、加えて、**B**〈遊びのなかで見られる表現する姿をとらえる〉という視点で子どもの育ちを見ている。それに基づいて、**C**〈生活発表会の取り組みを通して経験してほしいこと〉が導き出されるのである。たとえば、

　　　A保育者の話に集中することができる

　　　B読み聞かせた話を自分たちで再現しようとする

という育ちの把握から、

　　　C身体あるいは言葉で自分の思いを表現する喜びを味わう経験

が導き出されているのである。

　Dの具体的活動の選択に当たっては**A** **B**→**C**の流れとそのときどきの子どもの興味・関心の方向が加えられる。

　このように子どもの姿と、行事を通して経験させたいことを織りなしながら日々の活動が展開していくからこそ、子どもの主体性が損なわれず、日々の生活に潤いがもたらされるのである。

III 子どもと保育者が織りなす生活

1. 生活を織りなすとは

(1) 子どもの「経験」からの出発

子どもは遊びのなかで身体を通してさまざまなことを学んでいる。保育者の役割は子どもが主体的にかかわりたくなるような環境を構成し、また、発達に必要な経験を積み重ねられるように援助の可能性を探って実践することである。本書では一貫して保育記録を読み解くことを通して子どもの経験を読み取り、次の保育にどうつなげていくかを述べてきた。

佐伯胖はこのことについて、「子どもがそれぞれの状況のなかで、みごとな文化的実践をその都度遂行できるように、必要かもしれない道具を用意しておき、関係づけるかもしれない「環境」を設定しておき、なにが起きても対応できるように、起こりうる事態を多様に想定（イマジネーション）しておくことが、計画を立てるということである」[6]と述べている。

つまり、保育における計画とは、子どもがそこで何を経験し、また何を経験する必要があるのかを想定することから出発するのである。前節で述べた行事のあり方についても、教育課程（カリキュラム）に位置づけられているものであるが「先に計画ありき」ではなく、子どもの生活を潤す節目の活動として内容や展開の仕方は柔軟であることが望ましい。このカリキュラムの考え方は、子どもの学習というのは教師から教えられた知識をため込むことではなく、学習者自身が周囲の人々と共に何かをつくりだす経験によって獲得される「知」であるという学習観によって支えられている。磯部裕子は「「初めに計画ありき」といった作業からは、カリキュラムは生成しない。保育者自身が子どもとの対話の中で成長し、また新たな実践を創り出す、そうしたプロセスこそがカリキュラムなのである」[7]と述べている。こういった学習観の転換は小学校以上の学校教育のあり方を大きく変えようとしている。教師主導の分化された学習から子ども主体の総合的な学習への転換である。

6）佐伯胖『幼児教育へのいざない』東京大学出版会、2001、p.182
7）磯部裕子『教育課程の理論』萌文書林、2003、p.165

　幼児教育においては幼児の発達の特性上、経験を通して学ぶことは明白であり、従前から「遊びを中心とした総合的な学習」の考え方で保育が構想されてきている。このカリキュラムの考え方を、保育の当事者としてもっとも身体感覚的になじむ言葉に置き換えるとすれば、それは「子どもと織りなす生活」という言葉である。

　生活を「織りなす」とはどういうことか。織りには縦糸と横糸が必要である。横糸は子どもたちが何に興味関心をもち、日々、どのような遊びを生み出そうとしているかということだ。先の生活発表会を例にあげれば（p.134）、Ａ 子どもの日々の経験や育ち（例：保育者の話に集中することができる）や、Ｂ 遊びのなかで見られる表現の姿（例：読み聞かせた話を自分たちで再現しようとする）姿である。保育者はこれらの姿を見逃さない。子どもの姿のなかから育ちを見出し、さらに次に必要な経験は何かを導き出すまなざしをもつ。この例の場合、Ｃ 生活発表会で経験させたいこと（例：身体あるいは言葉で自分の思いを表現する喜びを味わう経験、全体のなかに自分の役割と流れがわかって動くようになってほしい）を導き出し環境を構成する。これが織りの縦糸の役割である。

　たった今、目の前に展開している現象をどう読み取るかによって、保育者の援助の可能性は異なるものになる。適切に読み取るためには「季節」という生活の変化の見通しや、入園から卒園までの保育年限を見通した育ちの方向性の想定も必要だろう。これらの長期的視野をもちながら、子どもと共に生活を織りなしていくのである。

（2）個の自己発揮から協同的な学びへ

　幼児教育では遊びを中心とした総合的な学習を大切にしているが、磯部は次のような疑問を投げかけている。

　　本当の意味での「遊び」が展開されているか、子どもの豊かな「経験」が実現されているか、また「総合的な学び」の場となっているかという視点で分析してみると、残念ながら疑問視せざるをえない。（中略）より豊かで、より多面的な経験が必要であろう。つまり、経験の質が問われなければならない。われわれは、子どもたちが日々生活する中で出会う一つ一つの経験の質を問うているだろうか。その経験を通して子どもの学びが実現するような援助をしているだろうか。[8]

この疑問には共感できる部分が多い。いまだ十分に遊びの時間と空間さえ確保され

8）前掲書7）、p.21

ていない園もある。また、遊びを中心とした保育を標榜（ひょうぼう）しながら、年齢にふさわしい生活が展開され経験の質が高まっていくような保育が展開されていない園もある。後者の場合、体験的実感であるが、とりわけ5歳児後半の子どもの経験の質を見極め、援助することはむずかしい。磯部の言うように「経験を通して子どもの学びが実現するような援助をしているかどうか」は自戒を含めて問い直さなければならないと感じている。

　ではなぜ5歳児の生活や遊びを見直す必要があるのだろうか。入園当初は個々が興味関心のある環境にかかわることによって安定し、それぞれが遊びを楽しんでいる。次第に子どもは距離的に近い他児に親近感をもったり、同じ方向に興味をもつ他児と行動を共にしたりするようになる。興味は次第に広がると同時に他児と共鳴し合い、それぞれのイメージを重ね合わせながら遊びを展開するようになる。遊びの種類にもよるが、気の合う友だちと小グループを形成し持続的に遊ぶようになる。そしてさらに知的な探究心が高まり、急速に友だちとの協同性が高まっていくと、自分の考えと他者の考えをすりあわせて活動を展開していこうとするようになる。

　一般的に5歳児の後半はまさにそのような育ちの時期といえよう。子どもはすぐにやりとげられることではなく、多少の困難を乗り越えることや長期的な取り組みの結果、うまくいくようなことのほうに充実感を覚えるのである。目当てにしても小グループ内で共有されていたものから広がりを見せるようになり、クラス全体の大きな目当てを意識して自分たちの目当てを関係づけ、協同して課題に向かうようになるのである。そのような手応えのある目当てや環境を子どもとのやりとりのなかから用意し、充実した生活を子どもと織りなすことがむずかしいのではないかと思う。それは保育者自身、

- 遊びの質を高めるという意識が薄く、方法に工夫がたりない
- 子どもの挑戦意欲を高めたり知的探究心を満足させたりするような「手応え」のある環境への理解が乏しい

ことによるものと思われる。保育者が次々に課題を投げかけることは簡単だが、それでは子どもが主体的に協同性を発揮することにはならない。日常的なグループの遊びへの興味関心を尊重しつつそこでの課題を見出し、適時的にクラス全体が共有できる目当てを提案してグループの協同性を高めていく必要があるだろう。

2．週案から読み解く協同的な活動の積み重ね

　実際に、5歳児後半（運動会から子ども会までの生活）の8枚の週案を読み解くこと

を通して、横糸（日々の遊びの様子から育ちをどう読み取るか）と縦糸（次に必要な経験を積み重ねるために行事をどう生活に取り込むか）のプロセスを明らかにし、協同的な学びを保障することにおける子どもの経験と援助の問題を明らかにしたいと思う。

　指導案は2年保育5歳児2学期のものである。当該園では、2学期の間にさまざまな行事が組まれている。運動会の後に、つくったモノで遊ぶ会（造形作品を展示するいわゆる作品展ではなく、つくったモノで遊ぶというもの）があり、表現的な活動や劇表現を中心とした子ども会が12月中旬に設定されている。さくら組35名の子どもたちがどのように生活を通して育っていったかをていねいに読み解いていこう。

週案①　　10/5 〜 10/10週案（2年保育5歳児：さくら組：在籍35人）

〈9/28 〜 10/3の週の子どもの実態〉

・運動会に向けての係の活動や全体の集まりが1日のうちにかならず1〜2回あった週で、子どもが自分たちで遊びを進めるのは、40〜60分の短期間という状況だった。遊びの姿としては、先週とほぼ同じ。①ユウイチ、ハナエ、コウジらの約10人近くの子どもはかたまってイメージを言葉で伝え合い、ごっこ遊びを楽しむ。②"ナオコ、エツミ、マイ""クニコ、ケイタロウ"は気の合う友だち関係を基盤にして、短い時間にも取り組める泥団子づくりなどに取り組み、仲間関係の安定感を楽しんでいる。③運動会に向けての活動を遊び課題として取り組む子ども（ナオキの万国旗づくり、アユミ、イクコの応援団）。

・週の後半、雨が降り、自分たちで選んで取り組む遊びの時間が長くなったが、万国旗づくり、看板づくりなどに主体的に取り組む子どもが多かった。このようにたっぷりとした時間のなかで、自分から運動会に向けての活動に取り組むことによって、行事に対しての主体的な構えが育つのだと痛感した。ヒロコが友だちの遊びのなかにスムーズに入っていったり、弁当の場所を決めていたのは、行事に向けて、友だちと力を合わせるという心情の育ちによるものだろう。

・運動会へ気持ちが向いてから、当日まで約3週間（実質15〜16日）しかなかったこともあり、全体的に気持ちを高めていくゆとりがなかったと反省している。

（改善）→時間的ゆとりをもたせる。
　　　　→内容の軽減。

〈ねらい〉

・友だちに自分の考えを伝えたり、友だちの考えに気づいたりして、主体的に遊びを進める。

・クラスの一体感を（強く）もち、クラス全体の活動に意欲的に取り組む。

（1）運動会から子ども会へ生活を織りなす

①運動会を通して育った力をもとに　（週案①）

　運動会に向けての活動は約3週間に及んだが、全体の練習は3回程度で、あとは遊びのなかでリレー等を楽しんで当日を迎えた。万国旗づくりや看板づくりなどに自ら取り組む子どもが多く、「自分から運動会に向けての活動に取り組むことによって、行事に対しての主体的な構えが育つのだと痛感した」と保育者は記している。

　ここで育った主体的な構えがどのように遊びに反映されるのか、そして新たな課題に取り組むときにどのようにあらわれるのかを見ることにする。

〈経験してほしいこと〉　　　　　　　　　　　　　　　　　〈指導のポイント〉

・運動会に向けての活動に取り組むことによって経験した

　①クラスおよび学年の課題がわかり、そのなかで自分の役割を担う喜び。

　②身体を十分に動かしたり、役割（係の活動）を担ったりすることで、自分を十分に発揮する楽しさ。

　③クラスの一体感をもち、力を合わせて1つの目的に向かう喜び。

　④自分なりにむずかしいことに挑戦する成就感。

これらの心情や態度をベースに友だちとの
　　　　→遊びを主体的に進めてほしい。

　　　　→クラス全体の課題に取り組んでほしい。

・どんな遊びが生まれるのか子どもの動きをじっくり見よう。

・誕生会などの新しい課題を投げかけよう。

・運動会の絵を共同で製作するなど、表現してみよう。

②運動会を通した経験と課題が遊びにあらわれる（週案②）

　クラスの一体感はとても強くなり、リレーに誘い合いクラス対抗を楽しんでいる。
今まで遊びが持続しない傾向の子どもも仲間のなかに位置づきはじめた。

　けれども、クラスの一体感が高まる一方で、そこに入りきれない子どもが際だった

週案②　　　10/12 ～ 10/17週案（2年保育5歳児：さくら組：在籍35人）

〈10/5 ～ 10/10の週の子どもの実態〉

・運動会が終わり、子どもなりにホッと一安心というところなのだろう。遊びに集中して取り組む姿が見られる。
　　①ナオキ、リョウタを中心にした電車ごっこ
　　　→登園すると路線の修理に走っていくなど、目的別に行動している。
　　②スクラッチ画
　　　→保育者が提示した遊びだが、運動会後の新しい目当てが見つけられなかった子どもが入れかわりたちかわり取り組む。
　　③リレー
　　　→誰かがはじめると20人近くが参加。勝敗のおもしろさがわかってきて、繰り返し楽しむ姿がある。
　　④ "クニコ、ケイタロウ、ユリコ、アンナ" や "マイ、エツミ、ナオコ" など、気の合う友だちとのつながりを団子づくりなどやり慣れた遊びのなかで楽しんでいる姿。

・ソウタやヒサノリなど、ちょっとしたことで遊びから抜けたり、くじけたりしがちだった子どもがクラスの友だちや担任の支えを感じ取り、彼らなりに気持ちを立て直そうとするようになったのは、運動会の取り組みの大きな収穫である。また、タケシやヨシヒロなど、自分の思いを仲間に伝えきれないでいた子どもが、自信をもって伝えようとしはじめている。

・クラスのまとまりを強く感じるようになっており、「リレーでいちょう組に勝とう！」「さくら組だけの歌をつくろう」などと、クラスの一体感を高める活動に意欲的に取り組む姿がある。
　　　　　〈例〉さくら王国をホールにつくろう

	10月12日（月）	10月13日（火）	10月14日（水）	
今週の見通し	(8:50)　　　　　　　　　　→	（年長組保育参加） 玉入れをして遊ぼう	（年少組保育参加） （新入園児面接）	(9:00)
	運動会の余韻を楽しもう （玉入れ、リレーなど）	(10:30)　　　　　　中止 おうちの人とミニ運動会をしよう ・つなひき－親・子 ・玉入れ ・リレー 〈誕生会の手紙〉	順番に練習してみよう （10:00 ～ 10:35） 実習生研究保育 （・しっぽとり） 10:30 ～ 11:00	(11:00)
	(11:00 ～) ★実習生 　：部分実習			(11:30)
	(11:30)　　　　　　　　→	(12:30)　　　　　　　　→	(12:30)　　　　　　　→	(13:50)

り、遊び慣れた仲間の遊びで終わる子どもがいて、関係に広がりをもたせたり、新たな課題のなかでそれぞれが仲間のなかにきちんと位置づく経験が必要と思われた。紙芝居づくりがはじまり、表現的な活動の芽が出はじめたので、「誕生会の出し物をグループに分かれて準備しよう」と投げかける。

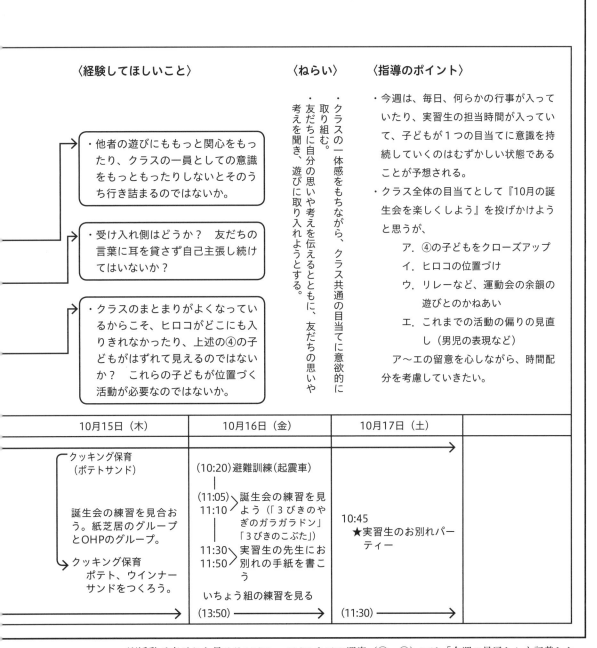

〈経験してほしいこと〉

・他者の遊びにももっと関心をもったり、クラスの一員としての意識をもっともったりしないとそのうち行き詰まるのではないか。

・受け入れ側はどうか？　友だちの言葉に耳を貸さず自己主張し続けてはいないか？

・クラスのまとまりがよくなっているからこそ、ヒロコがどこにも入りきれなかったり、上述の④の子どもがはずれて見えるのではないか？　これらの子どもが位置づく活動が必要なのではないか。

〈ねらい〉

・クラスの一体感をもちながら、クラス共通の目当てに意欲的に取り組む。
・友だちに自分の思いや考えを伝えるとともに、友だちの思いや考えを聞き、遊びに取り入れようとする。

〈指導のポイント〉

・今週は、毎日、何らかの行事が入っていたり、実習生の担当時間が入っていて、子どもが1つの目当てに意識を持続していくのはむずかしい状態であることが予想される。
・クラス全体の目当てとして『10月の誕生会を楽しくしよう』を投げかけようと思うが、
　ア．④の子どもをクローズアップ
　イ．ヒロコの位置づけ
　ウ．リレーなど、運動会の余韻の遊びとのかねあい
　エ．これまでの活動の偏りの見直し（男児の表現など）
　ア～エの留意を心しながら、時間配分を考慮していきたい。

10月15日（木）	10月16日（金）	10月17日（土）	
クッキング保育（ポテトサンド） 誕生会の練習を見合おう。紙芝居のグループとOHPのグループ。 クッキング保育　ポテト、ウインナーサンドをつくろう。	(10:20)避難訓練(起震車) (11:05)〉誕生会の練習を見よう（「3びきのやぎのガラガラドン」「3びきのこぶた」） 11:10 11:30〉実習生の先生にお別れの手紙を書こう 11:50 いちょう組の練習を見る (13:50)	10:45 ★実習生のお別れパーティー (11:30)	

※活動が広がりを見せる10/12～11/21までの週案（②～⑤）には「今週の見通し」も記載した。

③誕生会を進める経験で得られたもの（週案③）

　6つのグループに分かれて出し物を考え準備を進める。メンバーの性格や取り組んだ活動の内容によって主体性に温度差は多少あったが、個がグループのなかに位置づき、目的に向かって力を合わせるという経験はできた。

週案③　　　　10/19 ～ 10/24週案（２年保育５歳児：さくら組：在籍35人）

〈10/12 ～ 10/17の週の子どもの実態〉

・誕生会への取り組みは、アユミ、イクコの紙芝居づくりをきっかけに、徐々に広がっていった。運動会で係活動を分担し、自分なりに役割を担うことがわかっていたためだと思うが、「自分もどこかに所属しなければ」という思いが強く見られた。

①紙芝居　　（ アユミ、イクコ ）トモコ
　みんなのうんどうかい　　　　アカネ
　　　　　　　　カスミ
　　　　　　　　　　　　　　　応援

> 創作の紙芝居でストーリーの展開を援助した以外は、自分たちで進めてきた。「今日はここまで書こう」「練習しよう」などイクコのリードとアユミの意欲で、トモコ、アカネも彼女たちなりに自己発揮している。仲間と遊びを進めるよい経験になった。

②うた（ マイ、エツミ、ナオコ ）
　みんなさよなら秋だから
　　　　　　　　ハナエ

> この3人の関係は少し行き詰まっているような気がしていたので、できれば誕生会への取り組みを機に友だちも遊びの幅も広げてほしかったのだが、うまく援助できず、また3人の活動になった。応援という形で他児が参加したことは、他を受け入れる経験になったのではないかと思う。

③劇ごっこ「3びきのこぶた」　　クニコ、ケイタロウ
　　　　　　　　　　　　　　アンナ、ユリコ
　　　　ヒロコ

> 4人の新しい関係を非常に楽しんでいる。積極的に劇の練習をするわけではないが、いつも固まっている。やり慣れた題材であったので、取り組みに意欲がもてなかったものと反省。

④劇ごっこ「3びきのやぎのガラガラドン」　コウジ、ユウイチ、ミチハル、ソウタ　タケシ　トオル
　　　　　　　　　　　　　　　　　　　　ヒロシ、リュウスケ　ヒロシ　ヒロト　ヨシヒロ

> 男児の半数が固まっている。コウジ、ユウイチ、ミチハルのイメージで遊びが進む。他児は自分の考えを言えるように育ってきている。タケシがトロル役になり、認められたのはとてもよい経験となった。

⑤ＯＨＰ「リトルフットのぼうけん」　カズキ
　（サオリー　アユ、カンタ　ーヒサノリ）

> ヒデオの強いイメージをアユ、サオリの力で再現。カズキとヒサノリがよくここまで持続したと感心している。表現方法に私の工夫が不足していたと反省。

⑥しかい（ コウイチ、リョウタ、ナオキ ）→経験の繰り返しになってよかったと思う。

	10月19日（月）	10月20日（火）	10月21日（水）	
今週の見通し	(9:00)—— 誕生会に向けて、グループの仲間と準備をしよう。 (11:30)————→	（新入園児 健康診断） (9:10) けやき／たんぽぽ (9:50) いちょう／すみれ (10:15 ～) (10:30) 誕生会を開こう 　　　さくら／ひまわり (11:00) (12:00)————→	 移動動物園 (13:50)————→	 (13:50)——

　以前は他のグループの遊びの動向はあまり意識していなかったが、この活動以降、互いの動きを意識しながら遊ぶ姿が見られるようになった。経験をもう少し深めるために、クラスが一体になれる活動を模索していたが、他のクラスの影響もあり、みんなで劇をしておうちの人に見せようということになる。

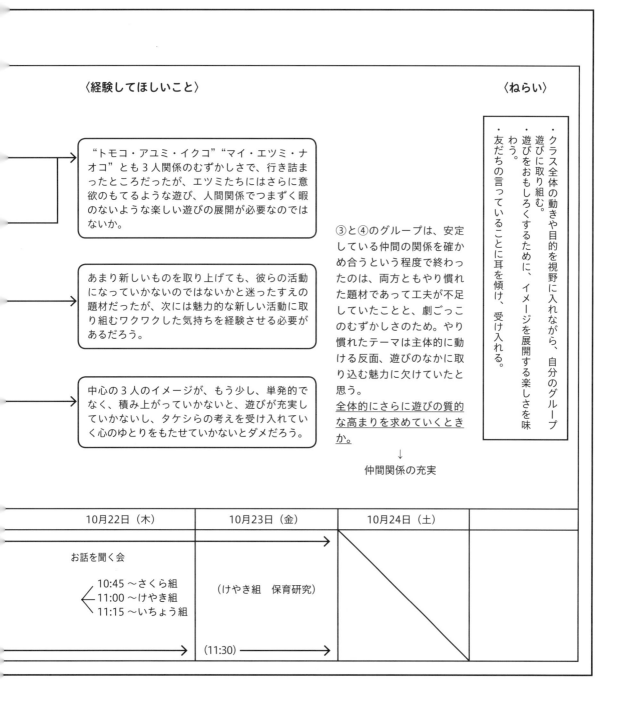

〈経験してほしいこと〉　　　　　　　　　　　　　　　　　　　　　　　　　〈ねらい〉

“トモコ・アユミ・イクコ”“マイ・エツミ・ナオコ”とも3人関係のむずかしさで、行き詰まったところだったが、エツミたちにはさらに意欲のもてるような遊び、人間関係でつまずく暇のないような楽しい遊びの展開が必要なのではないか。

あまり新しいものを取り上げても、彼らの活動になっていかないのではないかと迷ったすえの題材だったが、次には魅力的な新しい活動に取り組むワクワクした気持ちを経験させる必要があるだろう。

中心の3人のイメージが、もう少し、単発的でなく、積み上がっていかないと、遊びが充実していかないし、タケシらの考えを受け入れていく心のゆとりをもたせていかないとダメだろう。

③と④のグループは、安定している仲間の関係を確かめ合うという程度で終わったのは、両方ともやり慣れた題材であって工夫が不足していたことと、劇ごっこのむずかしさのため。やり慣れたテーマは主体的に動ける反面、遊びのなかに取り込む魅力に欠けていたと思う。
全体的にさらに遊びの質的な高まりを求めていくときか。
↓
仲間関係の充実

・クラス全体の動きや目的を視野に入れながら、自分のグループ遊びに取り組む。
・遊びをおもしろくするために、イメージを展開する楽しさを味わう。
・友だちの言っていることに耳を傾け、受け入れる。

	10月22日（木）	10月23日（金）	10月24日（土）	
	お話を聞く会			
	10:45～さくら組 11:00～けやき組 11:15～いちょう組	（けやき組　保育研究）		
		（11:30）		

④みんなで力を合わせて取り組んだ劇遊び（週案④）

　時間のゆとりがなかったので保育者が積極的に提案した活動になったが、お家の人に見せたいという意欲が高く、短期間のうちに意欲的に劇をつくりあげた。既成の話を役割分担して演じたもので、表現的な独創性は乏しかったが、クラスみんなで力を

| 週　案　④ | 11/2 ～ 11/7週案（2年保育5歳児：さくら組：在籍35人） |

〈10/26 ～ 10/31の週の子どもの実態〉

・動物園ごっこという魅力的な遊びもピークを越え、動物のイメージを残しながらも、イモ掘りなどまったく質の異なる活動が入ったこともあり、そのイメージを次の遊びのきっかけにしていくことができずにいたようだ。

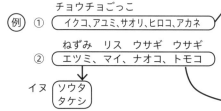

（例）① チョウチョごっこ イクコ、アユミ、サオリ、ヒロコ、アカネ
　　　② ねずみ　リス　ウサギ　ウサギ エツミ、マイ、ナオコ、トモコ
　　　イヌ ソウタ タケシ

・チョウチョになる。「動物園のおみやげ屋はチョウチョがやっていることね」というイメージは共通になっていたが、同じ羽根をつけて、同じように動くことがうれしいらしく、おみやげ屋はやらない。ヒロコにとっては友だちと動くよい経験になった。
・自分たちが動物になるというイメージとエサ売場の人とが矛盾していて、遊びがつまずいたようだ。

・そこで、このイメージを遊びの課題として取り組んでいくことを願い、また、けやき組が保護者に踊りを見せたことによって、あらたな課題を抱え込んだこともあって（他の2クラスも見せなければならない……）、動物の出てくる劇ごっこをやろうと投げかけた。10/29－私の予想では、上記の①②のメンバーが喜んで取り組むものと思っていたのが、予想に反し、全員が何らかの形で参加したいという意見を見せた。これは、
　　　・グループの遊びの新しい目当てを模索している最中だった。
　　　・他のグループの遊びと関連をもって遊べる土壌ができている。
　　　・クラス全体で取り組む活動が楽しい。
　　　・おうちの人に見せる活動がうれしい。
　ためではないかと思われる。
・次の水族館のあとの活動のこともあり、少し急いだ形になったが、表現は稚拙ながら、友だちの動きをよく見たり、あまりかかわりのない子ども同士が共に動けるようになった。次を評価したい。

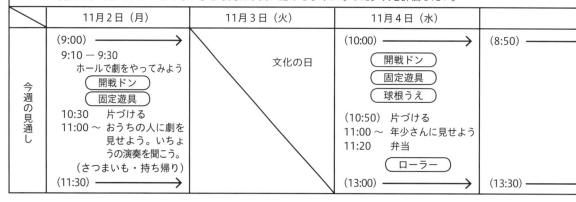

	11月2日（月）	11月3日（火）	11月4日（水）	
今週の見通し	(9:00) →　　　　　　　9:10 － 9:30　ホールで劇をやってみよう　開戦ドン　固定遊具　10:30　片づける　11:00 ～ おうちの人に劇を　　　見せよう。いちょ　　　うの演奏を聞こう。　（さつまいも・持ち帰り）　(11:30) →	文化の日	(10:00) →　開戦ドン　固定遊具　球根うえ　(10:50)　片づける　11:00 ～　年少さんに見せよう　11:20　弁当　ローラー　(13:00) →	(8:50) →　　　　(13:30)

合わせる心地よさは、運動会、誕生会と着実に積み重ねられている。次にはもっと主体的にクラス全体の目的に向かう経験をさせたい。水族館遠足をきっかけに水族館ごっこ（造形展）の活動で経験させたい。

劇ごっこ「ノンタンの誕生日」～（保育者の投げかけによる）
劇ごっこを通して経験してほしいこと

（ノンタン）タケシ、ソウタ
タケシは、10月の誕生会のトロルで自信をつけ、のびのびと動いている。ソウタには注目されてもそれを励みとするような強さを身につけてほしい。

（ウサギ）ナオコ、トモコ
三角関係でいやな思いをすることの多かったナオコだが、トモコが入ったことでクッションができた。2人とも友だち関係を広げるよいきっかけとしてほしい。

（やまね）カスミ、アユ、カンタ、ヒロト、ヒロシ
アユ、カンタは他者の動きを視野に入れて、動く楽しさを知るよい機会としてほしい。ヒロシ同様。

（タヌキ）ヨシヒロ　一人で動けるようになったなんて、とにかくすごい!!

（ねずみ）エツミ　マイのイメージに引きずられなかった。自信をつけてほしい。

遊びに必要なものをつくる経験を!!

（イヌ）ユウイチ、コウジ、ハナエ、ヤスアキ、ヒサノリ、コウイチ
ちょうど、遊びの目当てがもてないでいるところだった。ごっこ遊びをあまりしてこなかったメンバーなので、なりきって遊ぶ楽しさを味わってほしい。

（トンボ）トオル、リュウスケ
全体に投げかけられた課題に主体的に取り組む。充実感を味わってほしい。

（チョウチョ）イクコ、アユミ、アカネ、ヒロコ、サオリ
ヒロコにとっては、友だちと同じモノを身につけて遊ぶ仲間意識のもてるよい経験である。舞台の道具づくりに積極的に取り組むなど、意欲を示していてうれしい。

（白くま）ナオキ、リョウタ、カズキ、ミチハル
白くまは劇中で楽器を打つ。年少に見せてもらった踊りを取り入れるというところが少しむずかしいが、リョウタにはちょうどよかった。繰り返し練習している。これだけでもこの4人にとってはめずらしいことで、大変よい経験。

〈ねらい〉

クラス全体の課題を主体的に受け止め、グループの遊びの目当てとして遊ぶ

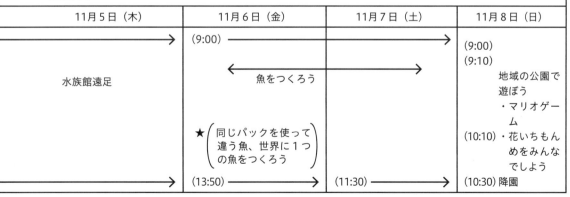

11月5日（木）	11月6日（金）	11月7日（土）	11月8日（日）
水族館遠足	(9:00) ――――→ ←―― 魚をつくろう ――→ ★（同じパックを使って 違う魚、世界に1つ の魚をつくろう） (13:50) ―――――→	―――――――――→ (11:30) ――――――→	(9:00) (9:10) 地域の公園で遊ぼう ・マリオゲーム (10:10)・花いちもんめをみんなでしよう (10:30) 降園

⑤互いの力を出し合い認め合った水族館ごっこ（週案⑤）

　遠足の後、週案④で見られたように互いを意識しながら水族館ごっこをすぐに展開した。好きなグループに分かれて大きな魚やサメ、潜水艦をつくったが、互いに乗ったり乗せたりして主体的に遊ぶ。クラスの一体感はますます高まり、歌を心を合わせてうたう。

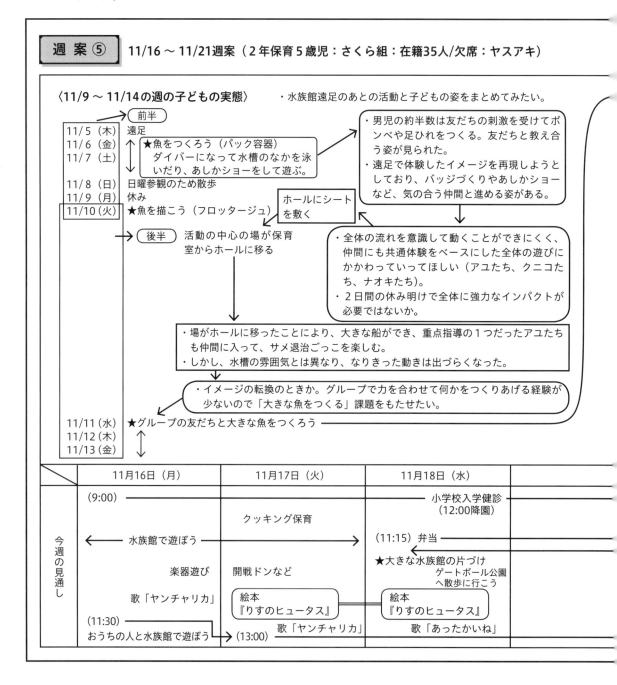

　取り組みが主体的な分、自分の意見をはっきり主張する姿が多くなるが、まだ聞き入れる姿勢が弱いので、ある特定の子どもの意見が通ってしまうところがある。ただし、今まで自分を出さなかった子どもも主張するようになり、意欲的に取り組んでいる。次の活動ではみんなが力を合わせつつ、一人一人にスポットが当たるようにしたい。

→ （マンボウ） クニコ、ケイタロウ、ユリコ、ヒロコ、アンナ
実習生がつきっきりだったこともあったが、全体の流れがよくわかって動けていた。海の他の遊びにもかかわる姿があった。ヒロコが驚くほどイメージを出していてうれしい。

（サメ） コウジ、ユウイチ、ハナエ、ヒロト、ヒロキ、
アユ、ヨシヒロ
サメの形がむずかしかったので、援助が必要だったが、見通しがもてると自分たちで次に必要なものは何かを話し合うことができた。ヒロトも友だちや保育者に励まされよくついていった。

（タコ） シンゴ、ミチハル、ソウタ、タケシ
グループとしてのまとまりがなく、1人抜けても相互に気にしない。保育者がイメージや手順をかなり提案した。できたもので遊べるようにしたらよかったのではないか。

（ラッコ） ヒサノリ、カンタ
タコから分かれた。1人でつくったものなので、他とは違う経験になったが、ヒサノリは自分から他へよくかかわっていった。

（カメ） ナオコ、マイ、エツミ、トモコ、アカネ

（潜水艦） ナオキ、カズキ、ヒロシ、リュウスケ、リョウタ、
コウイチ、トオル
ナオキのペースで進められ、仲間のつながりが薄かった。ふざけて壊れてしまったり、トラブルを起こしたり。しかし、客がたくさんきたことで、海の遊びにかかわることができた。

（ペンギン） サオリ、イクコ、アユミ、カスミ
客が来てからイメージがわいてきた。カスミのイメージの広がりが他者のテンポと合わず、要援助。

全体的に

・このあとの行事（観劇や遠足）とのかねあいで、活動のテンポを上げざるを得ず、ゆとり、遊び込みが不足していたと思う。前半・後半ともあと2〜3日は多く楽しめた遊びだと感じた。

・クラス全体の遊びの楽しさを自分たちの遊びの課題として取り込んでほしいという願いをもっていたのだが、大きな生き物をつくろうという投げかけはタイムリーであった。クニコたちも開戦ドンに気軽に入ってくるなど、これまでにない姿が見られた。

↓ さらにこんな経験が必要なのではないか

★グループによっては、仲間のイメージを受け入れ合えないところや、友だちの考えに耳を傾けないところがあった。1つのことを考え合う経験が必要。
★見通しがもてるように積極的に援助したが、自分たちの力で流れをつくりだしてもらいたい。

11月19日（木）	11月20日（金）	11月21日（土）	
─小学校入学健診─ （12:15降園） 観劇　中止(雨天)	秋の遠足	やきいもパーティ	11/24（火） 11/25（水） 11/26（木） 11/27（金） 保育参観 誕生会
★卒園アルバムの 　絵を描こう		★実習生のお別れの 　絵を描こう	
	11:30「せんたくごしごし」 ゲーム		
		(11:30)	

⑥子ども会につなげる（週案⑥）

　5歳児は3クラスあるが、子ども会のもち方はクラスの実態に合わせることにする。さくら組は「さくら劇場」という大きな目的のなかでグループに分かれて自分たちで表現活動を考え、自分たちで準備する方法をとる。

　グループごとに「練習」といって集まりながら、他のグループに「見てて」と声を

週案⑥　　11/30 〜 12/5週案（2年保育5歳児：さくら組：在籍35人）

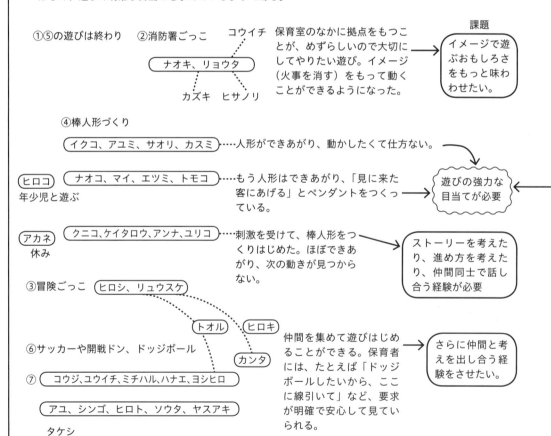

かけるなど、クラス全員で取り組んでいるという意識も強い。

　保育者ははじめ、全体イメージがつかめるまでは各グループの相談にのるが、最後のほうでは仲間意識が強くないグループ、新しい素材に挑戦しているグループに主にかかわる。グループの準備の他にもチケットづくり、看板づくりなど、全体に必要なことにも積極的にかかわる。

子ども会に向けて

課題を受けて、今年の子ども会ではこんなことを経験させたい。

実態

① クラスのまとまりはよく「さくら組で何かをしよう」という投げかけに意欲的で、クラスの心情の強いつながりがある。

② ヒロコ以外の子どもは安定した仲間関係をもっており、仲間に自分の思いや考えを伝えることができる。しかし関係が安定しすぎるゆえに

　　・思いや考えを出し合う必要性を感じていない。
　　・他の仲間からの刺激を受けにくい。

という面も見られる。

③ 以前と異なるのは、それぞれのグループが閉鎖的でなく、①の育ちとあいまって、保育者のちょっとしたアドバイスでともに遊んだり、刺激を受け合うことができる。

④ グループ間の育ちに大きな開きがあり、クラスのなかにもっと位置づけてやりたいグループがある（ヒロコについては、保育者が媒介になって仲間のなかに位置づける必要がある）。

ねらい

クラスで共通の目的に向けて、グループの友だちと思いや考えを出し合って、活動に取り組む。

クラス全体で取り組む表現（劇遊び）は何回もしているので、さくら劇場という大きな１つの目当てに向けて、各グループがそれぞれの力を出すという形式の子ども会にしたい。

・ヒロシたちなど、もっと力を出させたい。グループにもスポットが当たるように。
・友だちのよさを見つけたり、認めたりするよい機会になるように。

生かしたい遊びのテーマ

棒人形	メーちゃんのぼうけん
OHP	消防士
紙芝居	冒険ごっこ
劇	
歌・楽器	クラス全体での取り組み

⑦子ども会に向けてのグループの取り組み（週案⑦）

　取り組んでいた遊びのテーマを大切にしながら、5つのグループに分かれて、子ども会に向けての表現活動に取り組む。グループによって育ちにばらつきはあるが、ク

週 案 ⑦　　　　12/7 ～ 12/11週案（2年保育5歳児：さくら組：在籍35人）

〈11/30 ～ 12/5の週の子どもの実態から〉

・11/30に子ども会の投げかけをし、グループを分けた。翌日から実際の作業がはじまったが、誰と何をするのかが、すべてのグループで明確になったのは12/2（水）である。

①棒人形（きんの花とぎんの花）
　⑩人　マイ、エツミ、トモコ、
　　　　ナオコ、サオリ、ヒロコ、
　　　　アカネ、アユミ、イクコ、
　　　　カスミ
　　—— あらかじめ棒人形をつくっていたグループがはじめたもので、人数が多いので、自分たちで全員の気持ちをそろえて活動することはできにくい。とくにマイたちの4人が他の仲間に歩み寄らず、話し合いがむずかしいようだ。

②棒人形（スイミー）
　⑦人　アンナ、ユリコ、
　　　　ケイタロウ、クニコ、
　　　　アユ、シンゴ、トオル
　　—— 仲のよい2人組＋3人組＋2人組という構図で、各仲間はやる気はあるが、呼び合うことができず、保育者の援助が必要。

③劇（たからをさがそう）
　⑥人　ヨシヒロ、ヒロシ、
　　　　リュウスケ、カンタ、
　　　　ヤスアキ、コウイチ
　　—— イメージは明確にあるが、劇遊び自体、場づくりという流れづくりがむずかしく、今のところ、役になりきって遊んでいる状態である。

④OHP（おだんごぱん）
　⑦人　コウジ、ミチハル、
　　　　リョウタ、ナオキ、
　　　　ヒロト、カズキ、ヒサノリ
　　—— コウジ、ミチハルを中心に仲間を呼んで進めることができる。ストーリーも明確で、カズキ以外は何回でも練習したがる。

⑤影絵（わたしのワンピース）
　④人　ユウイチ、ハナエ、
　　　　ソウタ、ヒロキ
　　—— ハナエ、ユウイチにひっぱられる形でソウタもがんばる。3～4人が話し合いには最適で、主体的に動いている。

ラスの目的に向かう意欲はどのグループも高い（各グループの日々の取り組みはp.160
の資料2参照）。

子ども会に向けて

・今週は、ときに演じながら必要な物に気づき、つくり加えていくという様子
　だった。保育者が一つ一つ重点的に見ているので、決めたところまで進んだ
　グループの遊びを見取ることが十分にできなかったが、場が残してある消防
　署の遊び（ナオキら中心）とお店屋ごっこ（クニコたち）などで遊んでいた。
　クニコはよく保育者に「買いに来て」と言ってきていたが、保育者が忙しそ
　うなので、自然に他の友だちに働きかけている。リレーに誘う姿もあり、こ
　れが大切だと感じた。

・全体的に3～4日間かかってつくるものができあがり、演じるほうへ興味が
　移ってきている。自分たちで進めていけるように音楽づくりが大切。

ねらい

クラスで共通の目的に向けて、グループ
の友だちと思いや考えを出し合って活動
に取り組む。

⑧子ども会を通して育った力とは（週案⑧）

　保育者は、子ども会翌日の遊びの姿を見て「子ども会で育ったこと、育ちきれなかった部分が明確にあらわれていたので驚いた」と記述している。これまである特定のグループの友だちとの遊びが中心であったが、サッカーやリレーなどルールがあり、みんなで楽しめる遊びにほとんどの子どもが集まっている。よほど子ども会で充実感

週　案 ⑧　　　**子どもの実態と指導の反省（12/7 ～ 12/19）**

〈子ども会を終えて〉

・子ども会の翌日からの遊びの様子を見ていて、子ども会で育ったこと、育ちきれなかった部分が明確にあらわれていたので驚いた。

例
①ナオキ、ミチハル、ヒサノリの 3 人が手近な材料からイメージを広げ、ごっこ遊びをはじめた。
　→★ 友だちとイメージを積み上げて、物事をつくりあげているおもしろさを十分に味わった
②コウジ、ユウイチを中心にヨシヒロ、タケシらを入れてリレーやサッカーをはじめた。
　→★ クラスのつながりを強く感じるようになっただけでなく、受け入れるようになった
③クニコ、ケイタロウがエツミたちのはじめた遊びに自分たちで入っていった。
　→★ 気の合うグループの境界線が少し薄くなり、受け入れるようになった
④友だちの意見や歌に耳を十分に傾けることができる。
　→★ 「友だちを応援する」という心情が育ちつつある
⑤友だちの力関係がさらに固定的になっているところもある。
　→★ 人数の多かったグループでは、十分に友だちの考えを聞きながら進める経験ができなかった。

〈週のねらい〉

　　・クラスのつながりを強く感じ取りながら、友だちに自分の思いや考えを伝え合う。
　　・さまざまな活動を通して、季節の区切りを感じ取る。

内　容	環境のポイント
・さまざまな活動の行事を通して、「年末」や「学期の終わり」など、生活の区切りを感じ取る。 ・クラスの友だちを気軽に誘い合い、ルールのある遊びを楽しむ。	・2 学期も残り 4 日となり、どの日も何らかの行事が入って、慌しさと楽しさの同居した日々である。4 日間の見通しをしっかりもち、時間配分を適切にしながら、生活の区切りをしっかり感じ取らせていきたい。 ・マイたちの遊びに重点的にかかわり、友だちの思いや考えを聞き合う関係を育てたい。

21　月	22　火	23　水	24　木	25　金	土
・誕生会 　（10:20 ～）	・もちつき 　大掃除		（9:15 ～） お楽しみ会	終業式 10:30	

を味わったものと思われる。

　一人一人の子どもが自分に自信をもち、クラスのなかに居場所を見つけた姿かと思う。子ども会は参観した保護者から認めてもらえる機会である。長い時間をかけて仲間とつくりあげたものを認めてもらえたことで、子どもは成長の節目を1つ越えたように感じた。

（2）協同的な活動を通して育つもの

　①から⑧の週案を追ってみると、子ども会の内容や方法は突然決まったものではないことがわかる。目的を共有して取り組むいくつかの活動を節目にしながら、そこで育っているモノをとらえ、また乗り越えさせたい課題は何かを明確にしながら保育を進めてきた延長に子ども会はあった（p.157資料1参照）。

　週案⑥を読み解いてみよう。ここに記述されているのは子ども会の3週間前の実態である。子どもたちはだいだい5つの遊びに分かれて遊んでいたが、保育者はそれぞれのグループに対して次のような課題と願いをもっている。

- ・イメージで遊ぶおもしろさの充実
- ・遊びの強力な目当ての必要性
- ・仲間同士で話し合う経験の必要性
- ・さらに仲間と考えを出し合う経験

とくに「グループ間の育ちに大きな開きがあること」を問題ととらえ、一人一人がクラスのなかにしっかり位置づくことが大切だと考えた。週案には「クラス全体で取り組む表現（劇遊び）は何回もしているので、〈さくら劇場〉という大きな1つの目当てに向けて、各グループがそれぞれの力を出すという形式の子ども会にしたい」と記述している。そしてねらいは「クラスで共通の目的に向けて、グループの友だちと思いや考えを出し合って、活動に取り組む」とした。こういった質のねらいは一般的に5歳児の最終的な姿として押さえられることが多い。

　「さくら劇場を開こう」という保育者の投げかけに対して、反応はとてもよく、すぐにその時点で取り組んでいた遊びのメンバーと内容を相談しはじめている。

　これらの姿からは、

- ・クラスのまとまりがよい
- ・それぞれのグループが閉鎖的でなく、保育者のちょっとしたアドバイスで共に遊んだり刺激を受け合ったりすることができる。

という育ちを読み取っている。

　週案③（誕生会の活動に向かっていた時期）のころはまだグループはこれほど互いの

動きを意識してはいなかった。一連の活動を通して、「話し合う」とか「目当てに向かって友だちと活動を進める」という協同的な活動の積み重ねがあったからだろう。

　一連の協同的な活動を通して子どもたちが学んだものは何だったのか。1つは形成する集団への意識の変容だと考える。年齢の低いころには子どもの集団は流動的で、持続的な集団を形成するまでに時間がかかる。その後「気の合う友だち」とよばれる集団が形成されるとしばらく関係は固定的になり、子どもは特定の子どもと常に行動を共にしようとする。しかしこのままでは子どもの世界は広がらず自己実現の幅も狭くなる。適時的に友だちと協同する活動に出会い、遊びのおもしろさの質が高まることを繰り返し経験することによって、子どもたちは活動の目当てを小グループで共有することはもとより、クラスのような大きな集団で共有することもできるようになる。また、グループ同士が互いの動きを視野に入れながら動けるようになっていく。この柔軟性は子どもの世界を広げ、豊かな遊び課題をもたらすだろう。週案⑧には子ども会を終えて「気の合うグループの境界線が少し薄くなり、受け入れるようになった」とある。この記述の該当児（クニコ）の2か月後の記録を見ると（p.101、記録3-3）、「「誰か音楽会の仲間に入ってくれないかな」と言っている。気の合う友だち以外の友だちを求める気持ちが強くなってきており、……（後略）……」とあり、確かに自発的に他者とかかわりをもつ力が伸びているようだ。10月以降の協同的活動が育ちの基盤になっていたことが推察される。

　2つには目当てと見通しをもつ力の育ちである。言い換えれば課題をもってそれを解決する力である。子どもは友だちとの遊びに目当てをもった場合、言葉を通して他者の意見と自分の意見とを調整し活動の方向性を一致させようとする。目当てが明確、すなわち遊びへの意欲が高ければ高いほど他者とかかわる経験も深まる。

　資料2（p.160）は子ども会に向かう各グループの日の記録だが、12/1の記録にはどのグループもやる気はあるが、うまく見通しがもてないために相談が進まない様子が記述されている。影絵のグループでは経験したことがない影絵に取り組むこともあり、テーマも決まらずにもめている。しかし、少しずつ具体物ができあがってくると役割も明確になり、1週間後には主体的に取り組むようになっていることが読み取れる。

（3）集団へのまなざし・個へのまなざし

　もちろん、8枚の週案を見ると子どもと保育者が織りなす生活がすべてうまくいっているのではないことがわかる。頻繁に名前があがっている女児（ヒロコ）についての記述を追ってみると、かならずしも意図的に投げかけられた一連の協同的な活動が当該児の育ちに有効な働きをしていない。

　保育者はヒロコに対して特定の仲のよい仲間関係がないことを長いこと気にかけていた。運動会のあとには「友だちの遊びのなかにスムーズに入っていったり、弁当の場所を決めていたのは、行事に向けて、友だちと力を合わせるという心情の育ちによるものだろう」（週案①）ととらえたが、運動会での一体感を経て日常的な友だちとのかかわりに大きな変化がもたらされることはなかったようだ。週案②には、クラスのまとまりがよくなっていることによって、かえって仲間に入りきれないヒロコが気にかかる、と記述されている。週案④では、「チョウチョごっこ」のメンバーになって遊ぶヒロコの行動から「友だちと同じモノを身につけて遊ぶ仲間意識のもてるよい経験である」と認め、週案⑤では「（水族館ごっこの活動のなかで）驚くほどイメージを出していてうれしい」と述べている。しかし、週案⑥や資料2の12月5日の記録には目当てに向けて相談しながら活動する仲間の輪のなかに入りきれていないヒロコの姿を残しており、行きつ戻りつしながら仲間関係を築こうとしている様子がわかる。

　安定した仲間関係においては相互の見立てや振りを共有して遊びを展開する。この関係における共感性や協同性は構成メンバー以外の他者がかかわることによって高められることがある。たとえば水族館ごっこでは客が来ることによってメンバーの目的意識は明確になっているし、子ども会では親に見てもらうことで集団内の意欲や協同意識は高まっている。ところがヒロコのようにもともと拠り所となる仲間関係を築けていない子どもにとって、一連の活動は仲間との共感性や協同性を有効に高めることにはならなかった。

　ヒロコの人とかかわる力やモノとかかわる力を広げることは、育ちのベクトルとしては必要なことであろう。しかし、前節の運動会の事例において保育者がナオトとの

関係を見直し、その存在のありようを変えたのと同じように、ヒロコを集団のなかに位置づけようと働きかけるまえに保育者との関係を見直す必要があったろう。ところがそうしたかかわりの記録は残されていない。「クラスで共通の目的に向けて、グループの友だちと思いや考えを出し合って活動に取り組む」というねらいに向かって協同的な活動を提案することによって、保育者のまなざしが「全体性」を帯び、個の子どもへのまなざしが弱くなっていたと思われる。

　5歳児後半の生活を充実させ小学校への滑らかな接続を目指して「協同的な学び」を強調するべきだという主張があるが、それまでの生活のなかで

　・保育者としっかりした信頼関係が築かれていること
　・拠り所となるグループのなかで安心して自己を発揮できること

といった個々の子どもの育ちがなければさまざまな協同的活動に出会わせたとしても子どもの学びにはならない。

　資料1は、10月初旬から12月中旬までの2か月半の週案を抜粋したものである。教育課程に年度当初から位置づけられていた行事は、運動会、遠足、子ども会の3つであるが、その間に柔軟にクラス全員で取り組む活動が計画されている。行事を通して育った姿をもう少し強めるために、あるいは行事を終えてなお残された育ちの課題を乗り越えるために計画されたものである。「行事に追われる」というような本末転倒の行事の取り組みではなく、生活を潤し、子どもの育ちの節目となるようにするには、何が育っているのかをしっかりと読み取ることが大切である。

　資料2は、「グループで目的に向かう」という活動における各グループの記録である。このように同時にいくつものグループが活動を進めている場合、保育者はとても忙しい。それぞれのグループの主体性を促しつつ、それぞれの課題をおさえながら、適切に援助しなければならないからである。1つのグループの援助に入りながら、複眼で他のグループの様子をおさえるような、身体やまなざしの使い方を身につける必要があるだろう。

（資料１）協同的な活動の積み重ね

```
┌────────┐
│ 10/3 運動会 │ ──── 週案①
└────────┘
```

教育課程に位置づいている行事

┌───┐
│ ┌──────┐   │
│ │ 育った点 │ ・クラス、学年の課題がわかり自分なりの役割を担う喜び。│
│ └──────┘ ・身体を十分に動かしたり、役割を担うことで自己を十分に│
│   │   発揮する喜び。   │
│   │   ・クラスの一体感をもち、力を合わせて１つの目的に向かう喜び。│
│   ↓   ・自分なりにむずかしいことに挑戦して得られる成就感。│
│ ┌──────┐   │
│ │ さらに必要 │ ・これらの心情や態度をベースに友だちと遊びを主体的に進めること│
│ │ な経験 │   ──→ どんな遊びが生まれてくるか？   │
│ └──────┘ ・クラス全体の課題に主体的に取り組む   │
│   ──→ 誕生会などの活用   │
└───┘

10/5　ホールでは驚くべきことにソウタが積み木の仲間に入りずっと共
　　　にいる。運動会の育ちの１つではないか。運動会の余韻を楽しみ
　　　ながら、次の課題を求めているようだ。

週案②

┌───┐
│ ┌──────┐   │
│ │ 育った点 │ ・ちょっとしたことで遊びを抜けがちだった子どもが、クラスの友だち、│
│ └──────┘   担任の支えを感じ取り、彼らなりに気持ちを立て直そうとする。│
│   │   ・クラスのまとまりが強くなり、「リレーで勝とう」「さくら組の歌をつ│
│   │   くろう」などクラスの一体感を高める活動に意欲的。│
│   ↓   │
│ ┌──────┐ ・グループが固定的な子どもは他者の遊びに関心を示すようにならない│
│ │ さらに必要 │   と、そのうち行き詰まるだろう。   │
│ │ な経験 │ ・友だちの思いを受け止めるおもしろさを味わうこと   │
│ └──────┘   ──→ 互いの思いを受け止めていく活動   │
│   ・クラスのまとまりが高まっている分、そこに入りきれない子どもが集│
│   団に位置づく喜びを味わえること   │
│   ──→ 特定の子どものクローズアップ   │
└───┘

10/12
・アユミたちがはじめた紙芝居を援助することで、他の子どもたちの興
　味が表現的な遊びに向かっていく。ちょうど次の遊びを探していると
　ころでＯＨＰ、劇ごっこに取り組む子どもが出てくる。運動的な活動
　が一段落したころ、気の合うグループにも働きかけ、各グループで１つ
　の出し物を考えて誕生会に見せるというように方向づける。
・互いの練習を意図的に見合うときを設定し、グループの動きを意識し
　合う経験をさせる。

```
┌────────┐
┆ 10/20 誕生会 ┆ ──── 週案③
└────────┘
```

子どもの育ちに合わせて柔軟に取り入れたクラス全体の活動

┌───┐
│ ┌──────┐   │
│ │ 育った点 │ ・誕生会への取り組みはアユミ、イクコの紙芝居づくりがきっかけにな│
│ └──────┘   り、徐々に広がっていった。運動会で係活動を分担し自分なりの役割│
│   │   を担うおもしろさがわかってきたためか。   │
│   │   ・目的に向かってグループの子どもが主体的に動く。（取り組んだテーマ│
│   ↓   によって温度差はある）──→ 遊びの質を高めよう   │
│   ・力を十分に発揮できないでいた個が友だちに認められる経験   │
│ ┌──────┐   │
│ │ さらに必要 │ ・グループのなかには、安定している仲間の関係を確かめ合うという程│
│ │ な経験 │   度で終わってしまったところもあった。取り組んだ活動がやり慣れた│
│ └──────┘   題材で、工夫が不足していたか。   │
│   ──→ 遊びにどんどん取り入れていく魅力的な活動との出会│
│   　　い、遊びの充実から仲間関係の充実へ   │
└───┘

10/21
・移動動物園が来たことがきっかけとなり、動物園ごっこ遊びが盛り上がる。油粘土で動物をつくる子、きっぷをつくって売る子、エサをつくる子など。ホールでおうちごっこをしている子たちが客となる。

10/29
・次第に子ども自身が動物になって動く姿も見られる。
・同学年の他クラスが保護者に踊りを見せたことを知り、自分たちも何か見せたいと言うのでクラスみんなで劇を見せようと提案する。10/20の誕生会ではグループごとに取り組んだので、今度はクラスみんなで力を合わせるという経験をさせたいという思いもある。一部の子どもが中心的に取り組めばよいと思っていたが、予想に反して全員が意欲的に参加する。

（11/2劇ごっこ）　急遽取り組んだ劇遊び「ノンタンの誕生日」を保護者に見せる。

子どもの育ちに合わせて柔軟に取り入れたクラス全体の活動

週案④

育った点 → ・表現は稚拙ながら友だちの動きをよく見たりあまりこれまでかかわりがなかった子ども同士が共に動けるようになった。
・グループの遊びに新しい目当てを模索している最中だったのかもしれないが、他のグループと、自分たちの遊びを関連させ、つながりを生み出せるようになっている。
・クラス全体で取り組む活動が楽しい。
・それをおうちの人に見てもらうことがうれしい。
・消極的だった一部の子どもも自信をもって動いている。
（劇ごっこにおける各グループの取り組みの押さえを参照p.144 〜 145）

さらに必要な経験 ・クラス全体の課題を主体的に受け止めて、グループの遊びの目当てとして取り組みを深めること
　　　　　　　　　→水族館ごっこにつなげる。

11/5水族館遠足

11/6
・遠足から戻ってくるとすぐに魚をつくったり、ダイバーになって魚に餌づけをするという遊びが続く。とにかく楽しそう。つくり方を友だちに聞いたり、友だちの動きをまねて自分でも水族館に必要なものをつくろうとする。もちろん、バッジなど異なる遊びをしている子どももいるが、クラスの友だちと共通のイメージをもって遊びをつくり出す喜びを十分に味わってきたためか、意欲的である。

11/10
・学年全体で、11/17に水族館を開いてお客さんを招こうと投げかける。

11/11
・大きな魚をつくろうという意欲が強く、「ここを口にしよう」「背中にのれるようにしよう」と考えを出し合う。実現する力は不十分なので保育者が援助する。90分近く取り組むと、多くの子どもが集まって園庭で鬼ごっこに取り組む。

11/12
・弁当のあと、ホールで水族館ごっこをしている。「そうそう、こういう遊びの展開を私は目指していた」と思う感じ。船にダイバーがのり、サメを退治する。潜水艦にカメや人をのせる。ホール全体は海のなかのイメージで、息を止めて移動している。グループを決めて、大きな魚や、船づくりをする。

11/16
・降園の身支度をしながら、自然に子どもたちの口から"ヤンチャリカ"の歌がこぼれ、いつの間にか、みんなで唱和している。発声もきれい。心が合っている。

11/17水族館ごっこ

自分たちで十分に遊び込んだあと、お家の人を招待し、自分たちのつくった水族館を見てもらったり、船に乗ってもらったりして一緒に遊ぶ。

週案⑤

育った点 → さらに必要な経験

・クラス全体で向かう方向を感じ、自分たちの遊びの課題として主体的に取り組んでほしいと願っていたが、育ちにタイムリーな投げかけだった。この活動以外のルールのある遊びに自分たちで誘い合って誰もが気軽にかかわる姿が見られる。
（「グループの友だちと大きな魚をつくろう」の
　　　　　　　各グループの取り組みの押さえを参照p.146〜147）
・グループによっては仲間のイメージを受け入れられないところや、友だちの考えに耳を傾けないところもあった。1つのことについて考え合う経験が必要。
・自分たちで活動全体の流れを生み出せるように。

・その後、消防車の体験に基づいた消防署ごっこや、園庭でのルールのある遊びなどが活発に行われる。遊びの目当てがもてないグループに、棒人形づくりを提案もしたが、11/26ころから、どの遊びも次の目当てを求めているような停滞感が漂う。

11/30・子ども会の投げかけ → 週案⑥⑦

A ・クラスのまとまりがとてもよく「さくら組で何かしよう」という投げかけに対して意欲的。
B ・それぞれのグループが閉鎖的でなく、保護者のちょっとしたアドバイスで共に遊ぶ姿がある。

C 　　子ども会の位置づけ
〈ねらい〉クラスで共通の目的に向けて、グループの友だちと思いや考えを出し合って活動に取り組む。
〈もち方〉クラス全体で取り組む表現活動は積み重ねてきたので「さくら劇場」という大きな1つの目当てに向けて各グループがそれぞれの力を出すという形式の子ども会としたい。
　　　　　グループで棒人形劇 ← 遊びのなかで生まれているテーマから
　　　　　　　　　ＯＨＰ
　　　　　　　　　劇
　　　　　　　　　影絵　　 ← 新しい素材経験として投げ込む
　　　　　全員で　歌（4曲）← 日ごろうたっている曲

（取り組みについては〈資料2〉参照）

12/15子ども会

その後

12/21
・ユウイチがリードし、ほとんどの子どもがリレー、自分たちでチーム分けしほぼ1時間持続。
・「みんなの前で、1人ずつうたいたい人？」の問いに全員が手をあげる。

教育課程に位置づいている行事

教育課程に位置づいている行事

（資料2）子ども会に向かう各グループの取り組みの記録

	全体の動き	棒人形① 「きんのはなとぎんのはな」	棒人形② 「スイミー」
12/1 （火）	○今日はグループに投げかけた初日。どんな動きになるのか、あまり期待していなかったのだが予想以上に子どもはやる気を出しており、自分たちで仲間を集めている。しかし、どこから何をどのようにはじめてよいのかはわからない様子でウロウロ。保育者が1グループずつ相談にのる形で進めていった。話自体が決まらないグループもある。彼らのやる気を十分に伸ばしていきたい。	○ここのグループは、人間関係が問題。マイらは周囲の動きに敏感には反応せず、勝手な動きをとる。人数が10人と多いこともあるが、保育者の援助が必要である。最後のストーリーまで決まり、見通しがもてるようになった。	○着々とつくるものができあがり、話もスイミーの話と決まった。できあがったところで流してやってみることが見通しの第一歩かと思われる。効果的な動き方を示す必要あり。
12/2 （水）		○今日は「イチゴパーティーの絵を描こう」というアユミのイメージを拾い上げみんなに投げかける。勝手に描きためたようで、あとから「メーちゃんは出てこないよねー」などイメージを共有しようとする発言が聞かれる。	○まぐろを全員でつくると言っていたので、朝、クニコたちに声をかける。途中でアヤ、シンゴ、タケシは続けているのに、クニコたちはフラフラ歩きはじめアユが「困る」と言ってくる。やはり、仲間意識がクニコたちのほうにはもてていない。
12/5 （土）	○今日は劇の子どものイメージをストーリーにつなげて。	○何となく場には集まってくるが、黒幕の下にかくれて折り紙やあやとりをしている。つくるものはできあがり、練習をしたいのだが、全体をまわす人や曲が必要か。 ○サオリの小鳥もできあがり、やる気は十分にある。ヒロコがどうしても、場の仲間から離れてしまい「またヒロコちゃんがいない」という雰囲気なので、まず、ヒロコを呼んでおいてからはじめようという気持ちがもてるようにしていきたいと思う。	○背景の仕かけができあがる。できあがったものやアイディアがすばらしく、とても満足している様子である。 ○「誰がこれをひっぱる？」と投げかけると、クニコは「ケイちゃんは？ユリちゃんは？」と言うがアユたちの名前はなかなか出てこなかった。
12/7 （月）	○スイミー→きんのはな→おだんごぱん→わたしのワンピースの順で練習を見ている間に10時30分になってしまった。一通りやるだけでたっぷり時間がかかる。結局、劇の子どもはずっとサッカーをしていたようだ。 ○どのグループもつくるモノができあがり演じるばかりなのだが、子ども自身、全体の流れがつかめず苦労している。効果的な進め方を伝えてやりたいと思う。 ○○○君たちが練習するって……と伝えると、はじめのうちは「応援」と言って見る姿があった。	○アカネが1週間ぶりに登園し、やっと全部の人形ができあがる。「今日はここのところをすてきにやると全体がすてきになるよ！」と伝えたのだが、声が小さく一人一人の声を伝えることができないのが残念。全体の流れが明確になると、ハキハキと話すことができるのだろうか。 ○テープでまわせるようにしてやりたい。	○ホールに場を動かし、やってみる。それぞれが自分の持ち場をよくわかっており、細かい部分の共通理解を行えば大丈夫である。
12/9 （水）	○驚くほど、グループの取り組みに意欲をもっている。たんけんたい以外は自分たちで集まって練習。「もういいんじゃない？」と言っても「やりたい、やりたい」。	○やりたい気持ちは強いのだが、10人もいると、半分集まると半分集まらない……という状態である。保育者の援助が必要で、「集まる」ことを子どもに任せず、保育者が積極的に集め"相談"や"取り組み"に時間をかけられるようにしてやりたい。	

	劇 「たからをさがそう」	OHP 「おだんごぱん」	影絵 「わたしのワンピース」
	○やる気はあり朝から集まってウロウロしている。自分たちで必要な剣などを一応つくったり、宝をさがしに行くというイメージはできているのだが、どう動いてよいかわからなかったらしい。途中で私も相談にのり、ストーリーができあがる。なかなかにおもしろい話で、本人たちも満足。どう動きに変換させていくかが問題である。	○日ごろかかわり合いの少ないグループが2つ合体したので話し合いがむずかしい。「映画」に興味があるのだが経験の不足からのようなテーマなら映画にできるのかがわからないのだ。コウジはさかんに「ぼくは何でもいいよ。11ぴきのネコでも」と言っており、私が「じゃあ、相談してね」と言って場を離れた5分後くらいに「11ぴきのネコに決まった！」と言ってきた。しかし、このテーマは映画にするのはむずかしい。もう1度投げかけてみよう。	○何か決めたいという思いはあるのだが影絵の経験もなく、自分たちでテーマを決めようという私の投げかけのほうが無理というものだ。結局どういう経過でピーターパンということになったのかわからないのだが、ヒサノリが絶対にピーターパンはいやだと言い張りふりだしに戻る。明日の朝から相談だ。今度は選択肢をはっきり出していこう。
	○たんけんたいの洋服を朝一番につくってやった。イメージをもって遊びをふくらませていけばよいと考えたからである。カンタは他児のアイディアをほとんど受け入れようとせず、大きな課題である。	○いつの間にか図書室に集まっており、11ぴきのネコのシリーズを全部出して見ていた。私が見に行くと「困っている」とのこと。人数、相談しやすいなどの観点から「おだんごぱん」を提示。はじめのうちは乗り気ではなかったが、説明するうち全員納得していった。話し合いのできにくいグループでは方向づけは大切なことだと思った。	○今日はストーリーを2つにしぼって提示「あおくんときいろちゃん」「わたしのワンピース」。ヒロキの欠席で3人だけだが、絵本を見ながら分担して取り組みはじめた。ソウタも場から離れず、できる範囲でモノをつくりはじめていた。
	○カンタ、ヒロシが休みだったが4人ではじめて戦いの場面をやってみる。保育者のアイディアを聞き入れるところは聞き、自分たちのやりたいことははっきり主張するところが見られて頼もしい。早めに全体を通してみる必要があるだろう。	○ミチハル、コウジの友だちへの働きかけが強く、練習したいと全員で言ってくる。「わたしのワンピース」と同じOHP機器を使っているので、ロールシートをはめられずに私に言ってくる様子。自分たちでいつでもはじめられるように、はめっぱなしにしていられるようにしてやりたいと思う。	○しばらく園庭で遊んでから、やると言ってくる。声をかけたわけでもないのに、自分たちからやってくるところはすばらしい。 ○うさぎの型を切るのは技術的にむずかしいらしくヒロキはとても苦労していた。
	○ずっとサッカーをしていたようだ。ヒロシは「もう練習しなくて大丈夫」と言ってきた。本当かな？見通しをもっていないため人に見せるとはどういうことかがわかっていないため……。明日は一番にやってみたいと思う。	○コウジのナレーションを明確にしてやることでもっとスッキリするのではないかと思う。 ○出番の終わった子どもがその効果を入れられるようにしてやったところ、最後までしっかり仲間の動きを見ることができた。	○やっとすべての画面ができあがる。役割も明確である。 ○ハナエの考えてきた歌をどこで入れたらいいのか子ども自身も迷っているようなので、降園後たまたま遊びにきたハナエとテープをつくっておいた。 ○このテープをそのまま使うかどうかは別とし、このテープで全体の流れがつかめればいいと思う。
	○コマの色ぬりに熱中。	○ミチハルがとてもやる気で、「やろう、やろう」と言う。歌もハキハキしており自信をもっている。流れもOKで、もう練習はしなくてもいいのではないか。	○みんなに見せたことでより自信を深めた。

第 4 章

保育者の役割

I 遊びの意義・再確認

　これまで、保育の当事者として残してきた保育記録と、第三者として他者の保育を記録した第三者記録を通して、園での子どもの遊びの展開と指導について述べてきた。子どもは実によく遊ぶ。そして、適切な援助があれば、遊びはより充実する。本章ではまとめとして、遊びの意義を再確認したうえで、遊びを育てる保育者の役割について焦点化したい。

1．遊びの必要性

（1）幼児期の発達の特性から

　子どもは園が自分にとって安心できる場であることを感じると、自ら興味あるものに近づいていき、遊びをはじめる。身近な環境にかかわって遊びを生み出し、次第に夢中になっていく。モノにかかわることも、人にかかわることも実に主体的で意欲的である。その姿は、それが彼らにとって必要であるから、それが彼らの発達の特性に即しているから、自然にそのように行動するように見える。彼らの成長欲求が遊びを求めているのである。

　幼児期の発達の特性とは、次のような点だといわれている。

○身体が著しく発育するとともに運動機能が急速に発達する時期
○大人への依存を基盤としつつ自立へ向かう時期
○具体的なモノを手がかりにして、自分自身のイメージを形成し、それに基づいて物事を受け止めている時期
○信頼や憧れをもっている周囲の対象の言動や態度などを模倣したり、自分の行動にそのまま取り入れて学ぶ時期
○環境と能動的にかかわることを通して、周囲の物事に対処し、人々と交渉する際の基本的な枠組みとなる事柄についての概念を形成する時期
○他者とのかかわり合いのなかで、さまざまな喜びや葛藤を体験することを通して、

　社会性が育まれる時期

　これらの特性を踏まえると、子どもにとってもっとも必要なのは、

・周囲の大人から愛されている経験

・心身ともに、自由にモノや人にかかわる経験

・心を揺り動かされる直接体験に出会える経験

・自分の思いを表現することの喜びを味わう経験

・他者とのかかわりを通して人とかかわる喜びを味わえる経験

ということであろう。このような体験は子どもが興味・関心のある事柄や環境に自ら進んでかかわることによって生み出される遊びのなかにある。

　「子どもは経験を通して様々な人やものなどの対象に出会い、その出会いを通して感じたこと・考えたことを種々の素材を用いて子ども自身の力により組み立て直す必要がある。言葉で説明されるだけでは伝わらず、体験することによって自身の問題意識が深まり、それを何らかの方法で（例えば言葉を用いたり、絵などを使って）表現することによって体験を体系化する」[1]　といわれている。

　遊びのなかで人やモノにかかわりながら、身のまわりの世界への理解を深めたり、他者とのかかわりのなかで自己表現を高めたりしていくことは子どもにとって重要な学びであり、体験の体系化は、充実した遊びや生活を通して行われるのである。

　第3章Ⅰ節で取り上げた卒園間際の子どもの遊ぶ姿を思い出してほしい。彼らは園の遊びのなかでさまざまな経験を積み重ね、上述の経験を十分に満たしていた。入園当初は、自分の気に入った玩具で1人で遊んでいた子どもたちが、たったの2～3年で仲間と協同して遊びを展開するようになる。この成長の大きさには驚かされる。遊びのなかで身につけた自分なりに見通しをもって生活を組み立てる力は、これから続く学習の基礎的な力といえるだろう。

（2）今日的課題から

　幼児教育を取り巻く状況は目まぐるしく変化している。少子化、働く母親の増加などによって保育に対するニーズの多様化が進み、教育における規制緩和が想像以上の速度で広がっていることも拍車をかけている。幼稚園や保育所、こども園など、幼児教育施設のあり方は多様化している。

　そのようななか、幼児教育関係者の関心は柔軟な園運営とは何かということや、新しい保育制度とは何かということに向けられがちで、肝心の保育そのものについての

1）無藤隆「家庭・保育所・幼稚園の果たす役割」『幼稚園の意義』平成11年度全日本私立幼稚園連合会委託研究、2000

検討はなおざりにされているように思える。遊びのなかで子どもを育てるという幼児教育の基本は実際にどのように実践され、定着しているのか。成果と課題をしっかり押さえなければ、今後の幼児教育の改革の方向は根無し草のようになり、保育はサービスの観点からのみ論じられることになるだろう。保育の主役は子どもである。もっとも大切にされなければならないのは、人格の基礎を培う幼児期の子どもの育ちとそれを保障する教育を確保することだ。幼児教育・保育をめぐる諸制度が整った今だからこそ、中核である保育の質の論議、すなわち、遊びを中心とした幼児期にふさわしい生活の充実とは何かを押さえるべきである。

　幼児期にどのような経験を積み重ねるかは、その時期の充実の問題だけではない。その後の育ちに大きな影響を及ぼすのである。

　多発する小学生以上の子どものさまざまな問題行動の背景に、幼少期の群れて遊ぶ機会の減少が指摘されている。門脇厚司は子どもが群れて遊ばなくなった結果として、社会力が低下したとし危機感を表明している[2]。子どもは同世代の子どもと群れて遊び、身体を通してさまざまな経験をするなかで、豊かな感情を的確なやり方で表現することを学ぶ。怒りや悲しみのマイナス感情をコントロールし、人間関係を築く力も備わる。現代の子どもが抱える問題を長期的な視野をもって考えるとき、生きる力の基礎を築く「遊び」は幼児期に不可欠であることは自明である。

（3）保育する側の課題から

　繰り返しになるが、今日的な課題としても、幼児期の発達特性からいっても、幼児期の子どもにとって「遊び」は不可欠である。そして、保育者にとって「遊びを通して育てる」という理念の保持が不可欠なのだ。ところが保育のなかで遊びをどうとらえているかというと、それぞれの園、あるいは保育者によっていまだ多様なのが実態なのである。

　ある園でのこと、5歳児が運動会の練習の合間にホールで「好きな遊び」をしている。園庭では、他学年が練習をしているので、5歳児はその邪魔にならない場所で遊ぶようにということらしい。学年全員がホールに集められている。そこにはぬいぐるみやトランポリンやブロックが用意されている。子どもたちはそれらにかかわりながら遊びを生み出そうとするが、5歳児ともなるとただブロックを組み立てるだけではつまらないし、トランポリンは一時の発散にはなるが、それでは満足できない。しかし、遊具を組み合わせながら遊びを展開していくという援助は得られないため、しば

2）門脇厚司『子どもの社会力』岩波書店、1999

らくたつと、遊びがおもしろくなくなり、遊具を乱暴に扱ったり、ただ走りまわったりしはじめる子どもも出てくる。この園において重要なのは、クラス全体（あるいは学年全体）の一斉活動で、そのすき間の時間が好きな遊びの時間とされている。当然、この「すき間」の時間に対する保育者の教育的配慮は薄い。一斉活動とこの時間帯の内容的・経験的関連も薄い。

　一方、同じ時期、ある園では5歳児の数名が運動会に見せるダンスを自分たちで考えている。身近な材料で衣装をつくり、何回も曲をかけては友だち同士で振りを決めていく。ときには考えが合わずにけんかになりそうになるが、長時間にわたり取り組む。他の友だちは園庭でリレーをしたり、保育室で万国旗づくりをしたりなど異なる活動に取り組んでいる。保育者は万国旗などの装飾づくりが運動会への動機を高めると考え、意図的にコーナーを設定している。そこに取り組む子どもを見守りながら、ダンスの振りを決めているグループに重点的にかかわる。そして、時間がくると全員を集めて、できあがったダンスを見合う活動を入れていた。この一斉活動は子どもたちの運動会に向かう気持ちを一気に高めた。個々の子どもは異なる遊びに取り組んでいたが、どの子どもも運動会に対する期待が高まっていて、保育者の援助を得ながら自分なりに課題をもって環境にかかわっていることがわかる。

　前者の保育者は自由な時間と少しの遊具を与えることが「遊びを通した保育」であると考えているようだ。後者の保育者は子どもが自ら環境にかかわるなかで自分なりの課題を見出し、実現していこうと他者と協同しながら進めていくのが「遊びを通した保育」だととらえている。保育者の遊び観によって、用意される環境も、時間の設定も、援助もまったく異なるものになる。5歳児の知的好奇心や人とかかわる力の伸びを考えれば、前者のような考え方では一人一人の子どもの自己充実を図ることはできないだろうと思われる。一斉活動だけが保育者の力の発揮のしどころではなく、さまざまな保育形態を柔軟に組み合わせながら、いかに子どもの生活を豊かにし、発展に必要な経験を積み重ねさせることができるかが問われる。

　遊びは幼児にとって重要な学習である。幼稚園教育要領には幼稚園教育の基本の1つとして次のように記されている。

　　　幼児の自発的な活動としての遊びは、心身の調和のとれた発達の基礎を培う重要な学習であることを考慮して、遊びを通しての指導を中心として第2章に示すねらいが総合的に達成されるようにすること。（傍点筆者）

ねらいが総合的に達成されるような遊びとはどんな遊びか。それは豊かな体験を可

能とする広がりのある遊びである。保育者はただ、既成の遊具を用意すればよいのではなく、子どもの主体的な動きを尊重しながら、そこに必要な経験を積み重ねられるよう時間・空間・物的環境を整え、援助することこそが「遊びを通した保育」であるという認識を強くもつべきである。

2．遊びのおもしろさ

　遊びとは子どもの心理的側面から見れば、「自由で自発的なもの」「おもしろさ、楽しさを追求するもの」「その活動自体が目的であるもの」ということになるだろう。この自発的に行動する力とは幼児期にだけ必要な力ではない。1人の人間が長い一生をその人らしく過ごすために必要な生きる力の1つである。その大切な力の基礎が幼児期に培われるのである。

　そして遊びは「おもしろさ、楽しさを追求する活動である」といわれているように、おもしろい、楽しい、という内的動機によって支えられているからこそ、子どもは興味の対象に集中し、探索を深め、結果として発達に必要なさまざまな経験がそこで積み重ねられることになる。子どもが遊びのなかでおもしろいと思っていることは何か、ということを探っていくと、まさにそのおもしろさは子どもの育ちの最先端であることに気づかされる。

　運動遊びを例にとって考えてみよう。幼児期は身体機能が著しく発達する時期であるが、だからこそ身体を動かす遊びが大好きである。身体を動かすことがおもしろいから走りまわって遊び、そのことによって発達が促され、ますます全身を動かす遊びに取り組むようになる。

　子どもの好きな運動遊びの1つにボールを使った遊びがある。ボール遊びはボールの操作が上達すればするほど、「捕って、投げる」とか「止めて、蹴る」というように基本動作が連続して行えるようになり、遊びがおもしろくなる。しかし、技能的に高度なことができない子どもにとってボール遊びはおもしろくないかというとそのようなことはなく、その子どもなりのおもしろさを発見することができる。

　ボールゲームの多くは、積極的にボールに向かっていくことがゲームをおもしろくする重要な要素になっている。しかし、ドッジボールだけは「ボールをかわす」とか「逃げる」という消極的動作もゲームの進行に欠かすことができないという特徴がある。ボールがまだうまく捕れない子どもが、逃げまわっているうちにゲームが終了し、「最後まで残れた」という喜びを感じることもあり、技能の差が大きい子どもたちが同時に遊ぶことができる人気のある遊びである。このドッジボールの取り組みを注意

深く見てみると、一人一人の感じているおもしろさが異なることがわかる。

　「捕球して投げる」という連続動作ができるようになった子どもは、さかんにボールを捕りに行き、捕ったらすぐに近くの敵に投げ返すことを繰り返す。一方、まだ捕球動作が未熟な子どもは「捕って投げる」という一連の動作がイメージできないので、ボールに積極的に向かっていかない。内野にいるときには友だちとかたまって移動したり、ボールをかわしたりすることがおもしろく、投げられたボールを懸命にかわして喜んでいる。当たって外野に出てしまったときにボールを手にすると、長い時間ボールを持って、右へ左へと移動する姿をよく見る。自分の動きに合わせて敵方の内野の子どもが移動するのがおもしろいのである。このような動きを楽しみながら次第にボールの動きを目で追うことができるようになり、「捕る」ことに意識を集中し「捕れた」ことが喜びになっていく。おもしろさは経験の積み重ねにしたがって次第に変化していくのである。

　ボールをなかなか投げない子どもに対して、保育者はゲーム全体の進行が気にかかり「早く投げなさい」などと指示することがあるが、その子どもは、今まさに自分が獲得しつつある動作に熱中し、そのおもしろさに突き動かされて行動しているのである。したがって保育者が、その先の「行動」を指示することはあまり意味がなく、子どもが感じているおもしろさは何かを読み取ることが大切である。子どもがおもしろいと思っていることは、それがモノとのかかわりであれ、人とのかかわりであれ、子どもの育ちの今にとって、とても意味のあることに違いないのである。おもしろいと感じるから繰り返す。繰り返すことによって、対象を追求する姿勢や態度、心情、技能を身につけることができる。発達に必要な経験を積み重ねさせようと思うのならば、その活動を子どもがおもしろいと思うように工夫しなければならない。

　子どもがやってみたいと思える遊びに出会えるように、また、その遊びをおもしろいと感じられるように、適切に環境を構成することは保育者の役割である。また、遊びがおもしろくなるように考えたり工夫したりする力をつけるように適切に援助することも重要な役割である。適切な援助のもと、子どもたちは遊びを変化させていくプロセスのなかでさまざまな体験を積み重ね、学びを深めていく。

Ⅱ 総合的な学びを保障する

1．領域の考え方

（1）小学校との違い

　小学校教育では児童に身につけさせたい知識・技能等を教科という形で体系化し、単元ごとのねらいに向けた教育活動を展開している。この小学校以上の学校教育における教科の考え方と幼稚園教育要領に示されている領域の考え方はまったく違う。また、授業と活動の考え方も異なる。

　「幼稚園教育要領準拠の幼稚園」として、領域「健康」のために体操教室、領域「表現」のために造形教室を開いているとＰＲしている園があるが、それは教科と領域の考え方を混同し、活動のとらえ方をはき違えているものと思われる。「幼稚園教育における領域は、それぞれが独立した授業として展開される小学校の教科とは異なるので、領域別に教育課程を編成したり、特定の活動と結び付けて指導したりするなどの取扱いをしないようにしなければならない」[3]。

　領域とは子どもの経験を体系化したものではなく、子どもの発達を見る側面であると定義づけられている。冬の寒い日、池に氷がはっているのを発見した子どもが友だちを呼んで、氷で遊びはじめた。そのうち小さな容器に水をはり、どこに置くと氷ができるかという活動に展開していった。友だちを呼び寄せる力は、領域でいえば「人間関係」の発達の側面であるし、氷の実験をしてみようとする行為からは「環境」の側面の育ちを読み取ることができる。寒風のなかで夢中になって遊ぶのは「健康」の側面の発達を促すであろう。子どもは遊びのなかで、このように総合的に体験を積み重ねているのである。

（2）活動の広がり

　遊びは総合的に展開される。たとえば造形的な活動の場合、小学校ならば図画工作という教科として取り扱われる。しかし、園では「みんなでリレーごっこをしていた

　3）文部科学省『幼稚園教育要領解説』フレーベル館、2018、p.143

ら、応援の旗をつくりたくなってつくった」とか「応援の踊りを考えた」というように、1つの活動から広がりを見せることがよくある。教科的に考えれば運動遊びは体育、旗づくりは図画工作の授業ということになるだろうが、園では子どものイメージの広がりによってさまざまな特性をもつ活動が総合的に展開していく。活動の広がりについて、ごっこ遊びを例にあげ考えてみよう。

事例4-1

2年保育 4歳児 6月

　テレビアニメの影響か、4歳アツキ、カイが忍者になりたいと言ってくる。保育者が子どものイメージを聞き取りながら忍者のマスクをつくってやると、2人が入っていた家ごっこのメンバーのほとんどの子どもがマスクをほしがり、家は忍者の家ということになる。男児は新聞紙で剣をつくったり、折り紙で手裏剣をつくったりして、忍者になりきって動くことを楽しむ。

　ちょうどそのころ、5歳女児は忍者の家のそばでステージショーごっこをしていたが、忍者の動きに影響を受けたのかトキコの発案で「忍者でござる」という踊りを見せるようになり、となりの家で忍者になっていた4歳女児も加わっておどる。

　2週間後、5歳児は幼稚園で1泊するお泊まり保育があった。お泊まり保育の午前中、ダイスケは「今日の夜、忍者がやってくるかもしれないから修行する」と言って、積み木を保育室いっぱいに迷路のようにつなげる。「修行場」には10名以上の子どもが集まり、スタートからゴールへ繰り返し渡って遊ぶ。途中にミナミが立っており、友だちが通るたびに暗号（山と言ったら川と答えるというような）を

考えている。ミナミの出す暗号を解かなければ先に進めないことになる。ゴールにはハルコがおり、名前を書いた紙にスタンプを押してくれる。

　スタンプを押してもらうと、再び新しいカードをもってスタートからはじめることを繰り返す。

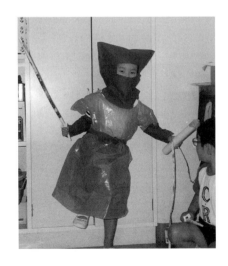

この忍者に関する遊びは次のように展開した。

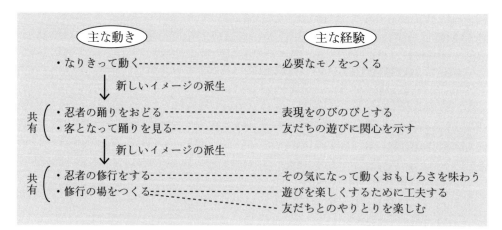

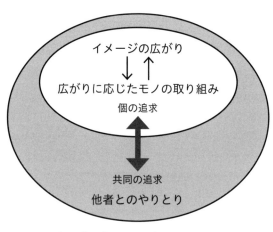

〈図9〉　豊かな遊びの展開の要素

子どもは身近な環境からあるイメージを想起する（この場合はテレビアニメから忍者のイメージ）。それが他者と共有されるとイメージに即した見立てや振り（布をマスクに見立てる。忍者屋敷ごっこ）が生じ、遊びの状況が生まれる。するとそこから誰かが新しいイメージを想起し（忍者の踊りショー、忍者の修行の場所づくり）、それがまた周囲の子どもに共有されていくというように展開していく。子どもたちは忍者ごっこというイメージのもとで「なりきって動く」→「忍者の踊りをおどって見せる」→「忍者の修行をする」というように活動を展開していった。身につけるモノをつくったことで、個々のイメージが深まり、踊りをおどったあたりから、そのイメージを仲間と共有するおもしろさを感じはじめている。イメージが連鎖して遊びは広がりを見せる。

　このように充実した遊びは単発に発生して消滅したりはせず、個のイメージが集団に共有され、またそこからイメージが強化されて、新たな個のイメージが生まれながら展開していく（図9）。

　このように子どもが環境にかかわって生み出す遊びは、教科学習のようにある体系の幅のなかでは収まらない。子どものイメージの連鎖にしたがって1つの活動は広が

りを見せ、一連の活動として個の追求と、それを仲間が共有するということを繰り返しながら「うねり」をもちながら展開するのである。できるだけ経験に広がりが見られるような遊びのテーマの投げかけや環境の設定が必要であろう。

2．経験の総合性

　子どもの遊びは単発ではなく、イメージを連鎖させながら総合的に展開していくと述べたが、そこでなされる経験も単一ではなく総合的である。

事例4-2

　C園では 5 月 5 日の子どもの日に向けて季節の行事を楽しむ経験をさせたいと考え、「鯉のぼり」をつくることにする。

　3 歳児の担任は大きな紙に手形を押す遊びの準備をする。興味をもった多くの子どもが自分の手形を押して遊ぶ。その後、その紙を鯉のぼりの形に仕上げ、保育室の壁に貼った。それを見たＡ児は園庭にひらめいている鯉のぼりと見比べて「同じだね」と言う。保育者は「はな組さんの鯉のぼり、大きいね。みんなでつくったね」と答えると、Ａ児も「みんなでね」と言って笑う。

　4 歳児の担任は一人一人が手に持って遊べる大きさの鯉の形の紙、三角や四角に切った小さな折り紙、のり、人数分の棒を用意しておく。興味をもった子どもが折り紙をうろこに見立てて鯉のぼりの型に貼りはじめる。翌日には朝から10人ほどが取り組む。材料を十分に用意しておいたので、友だちの様子を見ながら自分のペースでつくることができる。できあがった鯉のぼりを一人一人の棒につけてやると、気の合う友だちとともに手に持って園庭を走ったり、持って歩いたりしている。

　5 歳児の担任は、子どもたちにグループの友だちと相談して活動を進めるおもしろさに気づかせたいと感じており、新しくできた生活グループごとに、どんな鯉のぼりをどんな材料でつくるかを相談させる。あるグループはクレパスでうろこを書いてから絵の具で色をつける鯉のぼりを、あるグループは大きなビニールの袋に色とりどりの紙でうろこを切って貼る鯉のぼりをつくることに決める。初日は「設計図」を書くことで終わり、翌日からグループごとに集まってつくりはじめる。あるグループでは相談したことをもとに協力し合ってつくりあげたし、あるグループでは目を誰が書くかでもめてなかなか進まず、保育者の援助が必要なところもあった。

　鯉のぼりづくりの活動において、子どもたちは各年齢に応じて、主に表現するおもしろさを感じることができる。

　３歳児は同じ形がいくつもできるスタンピングのおもしろさを感じただろうし、それが大きな鯉のぼりになったことで、意外性のおもしろさに気づいたかもしれない。４歳児はうろこを貼ることで、のりを使うという基本的な技能を身につけたかもしれないし、どの折り紙を組み合わせるか、色彩と形の美しさを楽しんだかもしれない。５歳児はこれまでの経験を駆使して、さまざまな材料から美しいものを生み出していく喜びを感じたかもしれない。

　「かもしれない」と記述したのは、それぞれの材料や製作の過程にこのようなことを経験できる「潜在的可能性」があるということで、それを選択的に享受するのは子ども自身であるからだ。保育者はその活動や教材・素材のもつ潜在的可能性を検討し、（４歳の例でいえば、のりの使い方を身につけさせたい、あるいは色の配列を楽しませたい）願いを環境に込めて設定する。ところが経験そのものは子ども一人一人によって異なるし（ある子どもはウロコを貼ることを楽しむかもしれないし、ある子どもはそれをもって走りまわることを喜ぶかもしれない）、保育者の思いを超えてまったく異なるおもしろさを経験しているかもしれないので、その潜在性にとらわれずに総合的に経験を読み取らなければならない。

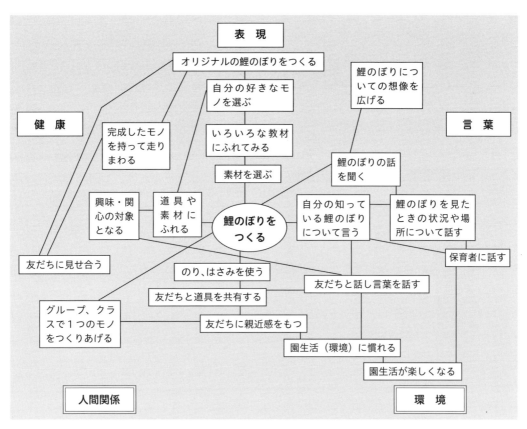

〈図10〉　鯉のぼりを指導することを想定した学生が書いた関連図

　たとえば３歳児では目の前にあらわれた大きな鯉のぼりから「クラス」という集団の括りを感じ取ったかもしれない。４歳児では自分のつくったモノで遊ぶおもしろさや友だちと同じモノを持って遊ぶことの一体感やつながりを感じ取ったかもしれない。５歳児では友だちと協力する喜びやむずかしさを経験しただろう。また、周囲の環境から必要なモノを選び取るおもしろさも味わったかもしれない。造形的活動はもちろん潜在的には表現の喜びを味わう可能性をもつことが特徴であるが、「人間関係」や「環境」など、経験は広がりを見せ、図10のように総合的な経験を子どもにもたらす。

　「５月だから鯉のぼりをつくろう」という保育者主導の発想では、経験の総合性を読み取ることはできない。「作品」という結果が目的なのではない。ましてや、行事のあるごとに何かをつくって持ち帰ることに価値をおくのでは意味がない。鯉のぼりをつくるまでの動機やプロセス、その後の経験の広がりを読み取ることが大切なのである。保育者は、そのときに経験させたいことを焦点化し、その活動そのものがもつ潜在的な可能性は何かを読み取る視点をもって環境を構成する必要がある。また、そこでの一人一人の経験の広がりを総合的に読み取る視点が必要なのである。

III 保育者の役割

1. 保育者の基本的な役割

　保育者の役割とは、子どもとある一定の期間、時間と場所を共有しながら、集団のなかで一人一人の子どもがよりよく自己を拡大していくための援助を行うことである。

　どう援助するかは子どもの年齢によっても異なるし、子どもによっても異なる。たとえば、入園当初の子どもに対しては、家庭以外ではじめて出会う大人として子どもを受け止め、安心して園のなかに居場所を見つけられるようにすることを第一に考える。そうしながら、新しい場での生活の仕方(トイレの使い方や持ち物の始末の仕方など)を具体的に知らせていく。そうすることで、安定が深まるからである。

　園のなかで安定して過ごせるようになると、子どもは周囲の状況を注視するようになり、おもしろそうな環境や状況にアプローチしていく。そうすることで生み出される自発的な活動である遊びを通してさまざまな学びを積み重ねていくようになる。保育者は子どもの様子を見極め、遊びや生活が豊かになるように環境を通して働きかけていく。子どもとともに動き、遊びのおもしろさを伝えもする。次第に子どもの遊びは広がりを見せ、友だちとぶつかるようなことも起きる。言葉で表現することができにくい子どもはときに相手をたたいたりする。そういう場面で保育者は、子どもの気持ちを受け止めて代弁しながらも、してはいけないこととよいことを言葉で伝える。

　このように保育者は受け止める役割、伝える役割、環境を構成したり具体的に援助したりする役割、モデルとして動く役割等、場面に応じてさまざまな役割を果たすことが求められる。では、何を根拠にして自分のとるべき役割を判断するのか。その根拠となるのが「理解」である。

　平成元年の幼稚園教育要領の改訂において、幼稚園教育は遊びを中心とした保育のなかで子どもの主体性を育てる方向性が打ち出された。当時、遊びは子どもの主体的行為であるから、保育者は遊びにかかわってはならず、見守ることという誤った考え方が一部に生じた。この誤った軌道を修正するために、平成10年の改訂では「幼児の主体的活動が十分に確保されるための幼児理解に基づく教師による計画的な環境の構成や遊びへのかかわりなどにおける教師の基本的な役割について明確化すること」[4)]

という点が改訂の基本方針の１つとして打ち出された。

　教育改革はときに振り子状態を呈する。ならば指導が大切だということで、今度は逆に計画性と指導性を強調する保育も見られる。

　「見守る」と「指導」は別の次元の保育行為ではない。保育者が子どもにどうかかわるかという原則を踏まえ、よりよい育ちを長期的視野においたうえで、現在の状態を「理解」することによって成立する行為であって、相反する行為ではない。

　小川博久は保育者の指導は原則的に援助でなければならないとし、「「援助」とは、幼児に対し、どうかかわることが可能なのかを見極めた上で、子どもが望ましい状態に達してほしいという大人の願いをもって子どもにかかわることである」[5]と述べ、子どもの自己形成の道筋を見極め、その延長線上に援助の可能性があるとしている。

　子どもの自己形成の道筋と、社会を形成する大人として子どもに期待する成長の方向性とを重ね合わせた接点を読み取るとき、そこにその時点での子どもへの願いが立ちあらわれ、それにしたがって援助の可能性が導き出されるのである。決して、大人があらかじめ決めた道筋に子どもを乗せることが保育ではない。

　園において、子どもとは「集団のなかの子ども」である。子どもを理解するとは、他者との関係性のなかでその子どもが今、どのようなことに心を動かされ、どのような課題を抱えているかを見極めることであろう。そこからすべての保育行為ははじまる。そのことを認識することが保育者の基本である。

2.「理解」すること

　では、保育者が理解しなければならない対象とは何か。それは大きく分けて２つある。

　１つは言うまでもなく子どもの内面理解である。「幼児理解」といわれているもので、子どもの興味・関心の方向、人やモノへのかかわり、遊びへの動機など、子どもの行動の背景となっているものを子どもの行動から読み取ることである。

　そして、もう１つは、子どもがそれにかかわることを通してさまざまな経験を積み重ねるであろう環境や活動、遊びなど、「かかわりの対象」への理解である。

　ただ子どもを理解しただけでは保育は成立しない。理解に基づいて環境を構成するわけだが、どのような環境を構成するかによって子どもは再び強く動機づけられることもあるし、またその逆の場合もある。

　子ども会に向かう子どもの事例を思い出していただきたい。「運動会」「水族館ごっ

　４）文部省『幼稚園教育要領解説』フレーベル館、1999、p.3
　５）小川博久／スペース新社保育研究室編『保育援助論 復刻版』萌文書林、2010、p.5

こ」「誕生会」「子ども会」と連続してクラス全体で取り組む活動を通して、さくら組の子どもは強い一体感をもっていった。その一体感を高めるのに一つ一つの行事は大きな役割を果たしていた。また、子ども会においては「さくら劇場」というネーミングも彼らの育ちに適していた。活動の設定の仕方は、グループで課題に向かいつつクラス全体の目的に進む経験を子どもにもたらし、子どもたちは強く動機づけられて主体性を発揮した。おそらく、そのまえに行った劇遊びのように、クラスで1つの劇を演じようという投げかけをしたならば、あれだけの主体性を引き出すことはできなかっただろう。

　保育は子どもと保育者の相互作用の営みである。2つの視点（図11のAとB）の接点に援助の可能性を見出し、再び理解に返していく循環のうえに保育は成り立つ。

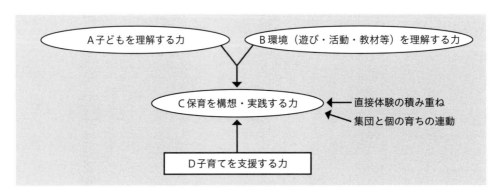

〈図11〉　保育者に必要な資質

　これまで取り上げてきた事例の多くは当事者記録である。当事者記録の特質は子どもの遊びの様子のみを記録するものではなく、保育の当事者としてそれをどう読み取り、どう援助の可能性を見出したかも含めているという点である。事実ばかりを羅列している保育記録は子ども理解を深めず、次の保育の方向性を明らかにはしてくれない。保育に生きる記録となるには、遊びにおいて次の点を押さえる必要がある。

・子どもの言動から、子どもが遊びのどこにおもしろさを感じているのかを読み取ろうとしていること。
・その際、遊びそのもののおもしろさ（遊び課題）と仲間とのかかわり（仲間関係）の2点が大切であること。
・遊びの経過を連続的に注視し、そこでの経験を読み取ること。
・これらの読み取りのうえで、子どもに対する「願い」が示されていること。
・「願い」の根拠となる事実を子どもの言動からていねいに拾おうとしていること。
・子どもの行動を再びとらえ直し、「願い」の修正プロセスが記されていること。

　子ども理解をする力を高めるには、このような視点を明確にもちながら、保育を記録し続けることが有効であろう。

3．保育を組み立てる

　理解が理解で終わっていたのでは保育は成立しない。保育者は理解の延長上に援助の可能性を探り、保育を組み立てる。理解を土台にして保育をどう具現化していくのか。このことについて1枚の指導案を読み解くことを通して考えてみたい[6]。取り上げる指導案（p.180〜181）は保育経験4年目のC先生の日案である。

　幼稚園教育要領では幼稚園教育の基本として「幼児期にふさわしい生活の展開」「遊びを通した総合的な指導」「一人一人の特性に応じ発達の課題に即した指導」の3点をあげ、「その際、教師は、幼児の主体的な活動が確保されるよう幼児一人一人の行動の理解と予想に基づき、計画的に環境を構成しなければならない。この場合において、教師は、幼児と人やものとの関わりが重要であることを踏まえ、教材を工夫し、物的・空間的環境を構成しなければならない。また、幼児一人一人の活動の場面に応じて、様々な役割を果たし、その活動を豊かにしなければならない」としている。すなわち、この理念を具現化するには指導計画のなかに次のような点が盛り込まれていることが求められる。

- 一人一人の行動理解と予測があるか
- それに基づく計画的な環境の構成はどうか
- 保育者は物的空間的環境を有効に構成しているか

【遊びの場面の記述を通して】

　C先生の指導案を見てみよう。C先生は、前日の遊びの姿（▲で表記）からその日30名の子どもが6〜7つのグループに分かれて遊ぶことを予想（□で囲んで表記）している。製作コーナーのように不特定多数の子どもが集まり、その日の流れで活動が展開するようなところや、巧技台の遊びや2階のホールでの遊びのように年長組になってはじめて出会い、目新しい環境に興味をもつことではじまる遊びについては個人名をあげることができないでいるが、その他の遊びは前日からの遊びが積み上がることが予想されるために、どの遊びにも具体的に個人名があげられている。遊びに対する記述なのだが、この個人名から人間関係のつながりをも読み取ることができる。

6）拙稿「公立幼稚園の存続意義を問うことの意味」『保育の実践と研究』スペース新社、2002

指導案4-1

時　間	子どもの動き	指導上の留意点および環境
8：50	○登園する 　・あいさつをする 　・所持品の始末をする	・一人一人とあいさつを交わしながら、健康状態や心の状態を視診する。
	① ○好きな遊びをする 〈保育室〉 　・おうちごっこ 　・お店ごっこ 　・乗り物を使った遊び 　・空き箱等での製作 〈2Fホール〉 　・大型積み木での場づくり 〈園庭〉 　・砂、草花を使ったままごと 　・サッカー	・興味をもってはじめた遊びにじっくり取り組めるよう場やモノを確保していく。 ・友だちと一緒に遊ぶなかで自分の思いを伝えたり、相手の言葉に耳を傾けたりしていけるように、友だち同士のやりとりを見守っていく。 ・個々の工夫や遊びのおもしろさを認め、まわりの子どもに知らせていくことで子ども同士で認め合ったり刺激し合ったりできるようにしていく。 ・遊びが見つからない子どもには興味がもてそうな遊びに誘ったり友だちの動きに目を向けさせたりして、やりたいことが明確になるようにする。
② 10：40	○片づけをする	・一人一人が意識をもって片づけられるようにする。
③ 11：10	○クラス対抗しっぽとり	・集団遊びならではの盛り上がりが楽しめるよう雰囲気を大事にし、クラスのみんなで勝つ喜びや負ける悔しさを共感し合い、クラスの友だちとのつながりが感じられるようにする。
	（雨天の場合） ○お話づくり	・想像を広げてお話をつくる楽しさを味わえるよう、焦らなくても大丈夫ということがわかって個々のペースで取り組めるようにする。
11：30	④ ○当番の仕事をする	・自分のやることがわかり、グループの友だちと声をかけ合って進めていけるよう、見守っていく。
11：50	⑤ ○お弁当の準備をする	・ある程度の時間内に楽しく食べられるように必要に応じて個々に声をかけていく。
	・絵本の貸し出し ①' ・好きな遊びをする	
13：30	②' ○集まる ③' ・歌「おひさまになりたい」 　・絵本「いやいやえん」	・降園時におもしろい遊びや個々の工夫を紹介し、自信がもてるようにしたり、他児への刺激となるようにしたりする。
14：00	○降園する	

おうちごっこ

乗り物を使った遊び

▲自分でつくった車を使って遊び始める タクト に関心をもってかかわる ユウジ と ユウタ。2人はごっこ遊びをし、昨日はいつの間にか タクト も一緒に遊んでいた。タクト の他に カズキ タクヤ などが乗り物を使って遊んでいるときは一緒に遊びを続けている。

・それぞれのやりたいことをしっかりとらえて、思いを実現できるように支えていく。やりたいことがあって友だちの誘いを拒否しているときには、その思いを相手に伝えていく。

製作コーナー

・さまざまな素材を選んでイメージしたモノをつくったり、友だちがつくっているモノに刺激を受けて同じようにつくったりする姿があるだろう。

・それぞれが考えたり工夫したりしているところを認め、自信や意欲につなげていく。
・必要に応じて技術的なやり方や素材のいろいろな使い方を知らせていく。

パン屋

▲ ナツミ ユカコ が先週始めたお店ごっこでつくったモノをもとに、今週は ナツミ アイ マリ リカ の4人の他 アヤコ カズキ ユミ などが日によって仲間になって遊んでいる。看板は「パン屋」だが、品物はいろいろなモノが並んでおり、水曜日からはおみやげになっている。ぬり絵帳をつくることを楽しんでいる。

・4人は本日もお客になっている子どもとのやりとりやおみやげづくりを楽しむだろう。

・おみやげをつくって準備をしてから開店しようとする姿を見守り、お客になっている子どもとのやりとりやお店の人になりきって動く楽しさに共感しながら、遊びがつまらなくなったときには品物を増やしたり別のおみやげ等を考えたりしていけるように促す。

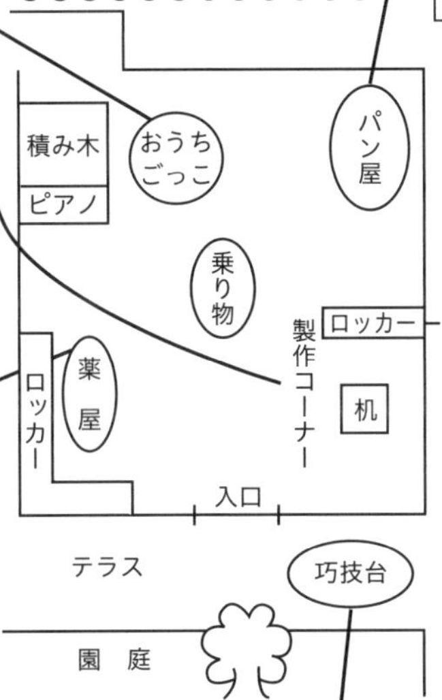

(中央図: 積み木 / ピアノ / おうちごっこ / パン屋 / 乗り物 / 製作コーナー / ロッカー / 机 / 薬屋 / ロッカー / 入口 / テラス / 園庭 / 巧技台)

くすりや

▲薬の空き容器を見つけた カオリ ユウコ ユカコ が薬屋をはじめる。昨日の後半になってつくりはじめたので、開店までには至っていない。
・本日は続きをしながら開店するのではないか。

・最近一緒に遊ぶことが多いメンバーだが、保育者とかかわりたい気持ちが強いので、それを受け止めながら、一緒にかかわるなかで目当てや遊びの方向が見えていくようにしていく。

巧技台

▲友だちを誘ってテラスにビームやはしご等を組んでいく姿がある。

・友だちと声をかけ合って組んでいく姿を見守り、思いが実現できるよう場を確保したり組み方に気づかせたりしていく。

2Fホールでの遊び

▲昨日は男児のかたまりが大型積み木やゲームボックス、ゴザ等を使って自分たちの場をつくって遊ぶ姿があった。好きな遊びの時間に使うようになったばかりで、場を構成すること自体を楽しんでいる。
・本日も2～4人の友だちで場をつくり、お互いに場を行き来しながら楽しむだろう。

・それぞれの場の工夫したところやイメージしていることを認め、満足感がもてるようにする。イメージをもって動き出したところには1Fから遊具を運んでよいことを伝え、場のなかで遊びが展開していけるようにする。
・積み方や高さなど危険のないよう配慮し、個々が意識をもって気をつけられるように促していく。

サッカー

・天気がよければ4～6人くらいでチームに分かれて囲われた場のなかでサッカーをはじめるだろう。

・様子を見ながら保育者も仲間に入ったり応援したりして、楽しさを共有したり個々のがんばりを認めたりしていく。

▲　前日までの姿　　□ 予想される姿　　〜 環境および保育者の援助　　（子ども名は仮名）

（杉並区高井戸西幼稚園・平山綾教諭、2002）

　「パン屋」に対する予測と環境構成を見てみよう。「おみやげをつくって準備をして
から開店しようとする姿を見守り、お客になっている子どもとのやりとりやお店の人
になりきって動く楽しさに共感しながら、遊びがつまらなくなったときには品物を増
やしたり別のおみやげ等を考えたりしていけるように促す」とある。このとらえはそ
の前週の子どもの育ちとつながっている。パン屋も前の週から続いている遊びで、C
先生はパン屋を含むいくつかの遊びからは以下のように子どもの実態をとらえている。
前週の子どもの実態とパン屋の具体的予想とを関連させて見てみよう。

前週の子どもの実態（育ち）→	パン屋の子どもの行動に対する予想 →	環境および保育者の援助

・友だちと一緒に遊びの場をつくることができる
　　　→ 子どもとのやりとりやお店
　　　　の人になりきって（友だち
　　　　と一緒に）動く楽しさを感
　　　　じているのではないか

・必要なモノをそろえたり、つくったりして遊ぶこ
　とができる
　　　→ おみやげをつくって準備し　→　姿を見守る
　　　　てから開店しようとするの
　　　　ではないか

・友だちと一緒にいることで安心し、かかわりを楽　→　・動く楽しさに共感する
　しむだけのときもある　　　　　　　　　　　　　　　・
　　　→ 遊びがつまらなくなるかも
　　　　しれない

・保育者がかかわってやりたいことが明確になると
　自分たちで動いていく子どもがほとんどである。
　　　→ 品物を増やしたり別のおみ
　　　　やげ等を考えたりしていけ
　　　　るように促す

　C先生は前週の実態からこの週のねらいの1つを「一緒に遊ぶ友だちと思いを出し合い、共通の見立てをしたり必要なモノを一緒につくったりしながら遊ぶ楽しさを共有する」としている。日案の予測からはこのねらいが、ただ文言化された「ねらい」として終わりにならず、しっかり翌週の子どもの具体的遊び（活動）のなかで実現されていこうとしていることがわかる。つまり、子どもは遊びを通して発達に必要な経験を積み重ねているといえるだろう。

　そして保育者の援助としては、お客としてかかわって子どもたちの遊びの目的意識を探ったり、具体的にモノを提案（品物を増やしたり別のおみやげ等を考えたりしていけるように促す）することで環境を通してかかわっていこうとしている。理解を理解で終わらせず、保育を展開していることがわかる。

　また指導案には、パン屋の遊び以外の6か所の遊びについても〈育ちの把握〉→〈遊びの予想〉→〈具体的方策〉の3点はしっかりおさえられている。C先生が同時に進行する複数の遊びすべてに対して援助の方向性を探ろうとしているのである。

【1日の「子どもの動き」の記述を通して】

　この日の流れはこの園の平均的な1日の流れだと思われる。もちろん活動の展開は柔軟で、朝一番に集まることがあったり、弁当後は課題の活動に取り組むこともあったりするが、概ねたっぷりした遊びの時間が午前中にとられている。

　子どもは登園するとまず好きな遊び①に取り組む。それから片づけ②をして、クラス全体の活動③に取り組む。この日は「クラス対抗しっぽとり」という学年全体の活動であったため、他クラスと向き合うことを通して「自分のクラス」というクラス意識は余計に高まったものと思われる。それから飼育している小動物の世話④の活動を行って弁当⑤を食べ、また少し遊んで降園前にクラスごとに短い集団の活動を行っている（本文の①、②……はp.180の指導案表記の数字に対応）。

　それぞれの活動を通して子どもたちは何を経験しているのだろうか。上記の傍点ごとに見てみよう。

　①どこで、誰と何をして遊ぶかという自己決定と、どう遊ぶかという問題解決の経験。個別の遊びは日案にあるように、それぞれに経験していることが異なる。
　②生活を自分たちで進める経験。
　③集団として活動を進めることの喜びを感じる経験。
　④⑤幼稚園における生活の仕方を知り、自分たちで生活の場を整える経験。
　1日のなかに、さまざまな経験が無理のないつながりで組み立てられている。
　また、集団の構成の仕方や集団のなかの個の位置づけも実に柔軟である。①では一

緒に遊びたいと思う気の合うインフォーマルな小集団を子ども自身が構成し、常に流動的である。②では目的に向かって個々が友だちと協力する経験をしている。③ではクラス・学年というフォーマルな集団を経験し、自分はそのなかの一員であることを意識する。④ではある程度固定化された小グループで全体のなかの必要な役割を担うという経験をしている。

　一時期、小学校の学級崩壊は幼児教育が遊びを重視するようになったことに1つの要因があると、マスコミがかき立てたことがあるが、この柔軟な生活の展開を見れば、子どもたちは「遊びと称する放任状態」のただなかに放り込まれているのではなく、そこでは適切な指導を受けながら、さまざまな保育形態のなかで発達に必要な経験を積み重ねていることがわかるだろう。充実した遊びを経験した子どもは、しっかりと自己課題を発見して向き合うことができるようになり、状況性を無視した行動をとるようにはならないのである。

　このように子ども理解に基づいて保育は組み立てられていく。砂上史子はていねいに幼稚園の生活を分析し、「幼稚園における子どもの経験のあり方を丁寧に読み取って、その意味を十分に理解することが幼稚園における保育を前進させることに必要不可欠といえる。そして、そのためには、実際の保育における具体的な子どもの姿とそれを支える保育者のかかわりを丁寧に見ることを出発点として、議論を深めていかなければいけない」[7]と述べている。保育の質は子どもにとってふさわしい生活が展開されているかどうかによって決まる。「楽しそうに遊んでいるか」といった表面的な行動をもって保育を評価するのではなく、子どもの姿と保育者の行為との相互性のなかで評価していく必要があろう。

　子どもは、専門性の高い保育者との応答的・受容的関係のなかで、一人一人が安定した生活を展開し、遊びのなかで発達に必要な経験を積み重ねていくのである。

4．保育者としての資質を高める

（1）ますます求められる高い専門性
　保育者を目指す学生の最初の授業で「保育者にはどんな資質が必要だと思うか」とかならずたずねてみることにしている。多くの学生は「子どもが好きなこと」「性格が明るく前向きなこと」「体力があること」と答える。どれもそのとおりだと思う。子どもが嫌いではとても保育者は無理だし、マイナス思考では楽しい保育は展開でき

7）砂上史子「幼稚園における子どもの経験とは何か」『幼稚園の意義』平成11年度全日本私立幼稚園連合会委託研究、2000

ない。体力もなければならない。

　しかし、元気がよくて子どもが好きなだけでこの仕事はつとまるだろうか。答えは否である。とくに、遊びを中心とした保育を展開するに当たっては一人一人の子どもの育ちを理解し、そのうえで適切に環境（人的・物的・空間的・時間的環境すべて）を構成しなければならず、「考える力」が求められる。また、人と向き合い育てる仕事である以上、保育者自身の感性が豊かであることに加えコミュニケーション能力も必要である。

　本書では遊びの援助に絞って保育者の役割について述べてきたが、実はそれは保育行為の一部に過ぎない。保育者は常に子どもを取り巻く環境（家庭・地域等）を視野に入れて保育を構想する。つまり、家庭や地域としっかり連携をとりながら、子どものよりよい発達を遊びや生活を通して援助するのである。

　平成の時代は、園と家庭・地域との連携・協働が進んだ時代といってよいだろう。家庭との連携が重要であることは以前から謳われていたが、1998（平成10）年改訂では「特に留意する事項」として、「幼稚園の運営に当たっては、子育ての支援のために地域の人々に施設や機能を開放して、幼児教育に関する相談に応じるなど、地域の幼児教育のセンターとしての役割を果たすように努めること」と、連携の一層の強化が述べられ、子育て支援は幼児教育施設の重要な役割と位置づけられた。子育て世代に対する社会の不寛容な風潮は改善されているとはいえないが、子育ては各家庭が孤軍奮闘して行うものではなく、社会全体が支えて、協働しながら子どもを守り育てていくものという考え方が浸透してきている。

　図11（p.178参照）にあるように、子どもと保護者をしっかり受け止めつつ、A、D、発達に必要な経験を積み重ねさせるために適切なかかわりの可能性、Bを常に考え続

けて実践するＣという高度な専門性が必要なのである。時代の変化に応じて幼児教育のあり方が変わろうとしている今、ますます専門的な知識や理解力・判断力・実践力が求められている。

　学生だけでなく社会一般が抱いている保育者のイメージ（子どもが好き・やさしい等）を広げ、実は高い思考力と専門性が求められるという認識を高めなければ、今後、質の高い保育は担保できないだろう。

（2）子育てを支援する力

　「幼稚園教員に求められる資質には、いわゆる"不易"と"流行"の部分がある」[8]といわれている。では、時代の変化に応じて変わらざるを得ない幼児教育の役割と保育者の資質の「流行」とは何か。第1には家庭の教育力の低下を補完する役割である。

　核家族化・情報化のなかで、保護者の子育て不安は高まる一方である。たとえば、入園するまでほとんど他の子どもと遊ばせたことがないという家庭も増えている。そのような家庭のなかには、自分の子どもは園に入れば友だちができると思っている保護者もいる。しかし、はじめて同世代の子どもと生活を体験するのであるから、そう簡単にはいかない。子どもの集団のなかでは遊具の取り合いもあればけんかも起きて、そう簡単に友だちができるわけではない。時間をかけて他者との暮らしの喜びを感じていくのだが、保護者は入園当初、予想との相違にうろたえたり、不安になったりする。

　子どもを支えるのと同様に親の不安も支えなければならないが、単に心理的に支えるだけでは不十分である。遊びのなかで子どもたちがどんなに大切な経験をしていき、育っていくか、ということをわかりやすく伝えていく必要があるだろう。

　しかし、他の校種の教諭に比べて、（とくに私立の幼稚園等の施設における）教職員の平均勤務年数は短く、先生方は若い。保護者との連携力はすぐに高まるわけではないので、園のなかではキャリアのある保育者と若い保育者がうまくチームを組んで、連携しながら家庭との連携に当たらなければならない。

（3）地域の教育力を高める役割

　地域の教育力が低下しているといわれている現代では、園が中心となって地域の教育力を掘り起こす役割も期待されている。ある園では近所のお年寄りが園の花壇の手入れをしてくださっている。園にとっても助かるがお年寄りも生き甲斐ができて喜んでいらっしゃる。子どもたちは地域でそのお年寄りと会うと、気軽にあいさつしたり、

8）文部科学省『幼稚園教員の資質向上について─自ら学ぶ幼稚園教員のために』幼稚園教員の資質向上に関する調査研究協力者会議報告書、2002

会話をしたりするようになり、子どもが地域のなかで育っていくという実感がもてるようになったという。双方にとっても意味のあるかかわりといえよう。

　また、近隣の中学校や高等学校の生徒が授業の一環として（職業体験や家庭科の保育分野の授業等）園を訪れることも頻繁に行われるようになっている。次代の子育て世代が、小さな子どもの生活に触れる体験は親世代になったときにかならず生きるだろう。子どもたちにとってもお兄さんやお姉さんとのかかわりで遊びが豊かになっていくこともある。少子化のなかで、異年齢の子ども同士のかかわりが減少している今、このような形でもふれあう機会を設けることは、これも双方にとって意味あることだろう。

　これらは即効で遊びを豊かにするというわけではないかもしれない。しかし、異世代のさまざまな人とのかかわりが豊かで楽しければ、子どもは「人とかかわる」ことにいかなる場面でも積極的になっていくだろう。ひいては、同世代の友だち同士とかかわることによって、充実していく遊びも豊かなものになるに違いない。

（4）遊びのなかの学びを保障する実践力

　不易の資質は何かといえば、子どもの内面や育ちを的確に理解し、援助する力である。「流行」の部分でさまざまな今日的課題を担うことが期待されようと、今後の幼児教育のあり方の方向の1つにあげられているように、園の最大の役割は子どもたちに質の高い生活と教育を提供することであるという背骨をしっかりともちたい。幼児期の発達の特性上、遊びは重要な学習として位置づけられる。遊びは子どもが環境に主体的にかかわって生み出すものであるが、それは子どもの思うに任せておけばよいことを意味しない。かといって保育者主導で何でも経験させればよいものではない。理解で終わって具体的援助の手だてが乏しい、あるいは保育者の計画性が理解のうえに基づいていないということがないようにしなければならない。図11（p.178）のAとBの2つの輪がしっかりとかみ合う保育を展開するために、「自分の援助行為と幼児の実態との関係を見極めながら自分の保育を振り返る」[9]力が大切である。

　その力を向上させるためには保育記録を毎日かならず残し、読み返す自己研鑽と、それをカリキュラム作成に活かしていく保育ティームとしての協議が必要であろう。

・・
　9）拙稿「教師の創造性と実践力を高める研修のあり方」『初等教育資料662号』1997

引用・参考文献一覧

- Ｊ.レイブ、E.ウェンガー、佐伯胖訳『状況に埋め込まれた学習』産業図書、1993
- 青木久子『子どもに生きる』萌文書林、2002
- 磯部裕子『教育課程の理論』萌文書林、2003
- 榎沢良彦『生きられる保育空間―子どもと保育者の空間体験の解明』学文社、2004
- 大場幸夫、前原寛編著『保育心理学Ⅰ』『保育心理学Ⅱ』東京書籍、1995
- 小川博久責任編集『４〜５歳児の遊びが育つ―遊びの魅力』フレーベル館、1990
- 小川博久編著『「遊び」の探究』生活ジャーナル、2001
- 小川博久／スペース新社保育研究室編『保育援助論 復刻版』萌文書林、2010
- 小田豊『幼児教育再生』小学館、2003
- 小田豊「子供がつくりだす遊び」『幼稚園じほう』(10月号)、全国国立幼稚園会編、1996
- 門脇厚司『子どもの社会力』岩波書店、1999
- 河邉貴子「教師の創造性と実践力を高める研修のあり方」『初等教育資料662号』1997
- 河邉貴子「公立幼稚園の存続意義を問うことの意味」『保育の実践と研究』スペース新社、2002
- 佐伯胖『幼児教育へのいざない』東京大学出版会、2001
- 司馬遼太郎『手掘り日本史』集英社、1980
- 砂上史子「幼稚園における子どもの経験とは何か」『幼稚園の意義』平成11年度全日本私立幼稚園連合会委託研究、2000
- 立川多恵子・上垣内伸子・浜口順子『自由保育とは何か』フレーベル館、2001
- 戸田雅美『保育をデザインする』フレーベル館、2004
- 牧昌見・池沢正夫編『学校用語辞典』ぎょうせい、1985
- 無藤隆『知的好奇心を育てる保育 学びの三つのモード』フレーベル館、2001
- 無藤隆、中央教育審議会初等中等教育分科会、提案資料、2004
- 無藤隆『幼稚園の意義』平成11年度全日本私立幼稚園連合会委託研究、2000
- 文部科学省『幼稚園教育要領解説』フレーベル館、1989、1999、2018
- 文部科学省『幼稚園教員の資質向上について―自ら学ぶ幼稚園教員のために』幼稚園教員の資質向上に関する調査研究協力者会議報告書、2002
- 文部科学省『指導計画の作成と保育の展開(平成25年7月改訂)』フレーベル館、2013

〈改訂第2版〉おわりに

　本書の初版は15年前で、前回の幼稚園教育要領改訂時に若干の見直しを行い、今回再び、いわゆる保育3法令の同時改訂を機に改訂第2版を出すことになりました。15年の間に、私のなかの保育に対する思いや考えは拡がっていますが、「保育者魂」が生々しく残っていた15年前の内容や筆致は、私にとっても大事な歴史ですからそのまま残し、新法令で示された新しい考え方だけを追記することにしました。

　内容の中心となっているのは私自身が保育者時代に書き溜めた30年近くも前の保育記録です。当時はデジタルカメラもなく、保育記録とはただひたすら「筆記」することでした。現代はさまざまな機器やICTの発達で、写真（映像）と文章の融合や保存、他者との共有が容易になり、保育記録の考え方や方法が広がっています。多くの園がドキュメンテーションやラーニングストーリーに取り組み、記録による保育の可視化が試みられ、関連本も相次いで出版されています。そのようななかで本書を再改訂し「生かし続ける」意味は何だろう。改めて自著をじっくり読み返し、考えてみました。

　結論は、いかに時代が変わろうと、子どもをいかに理解して保育を構想していくかは保育の永遠の課題だということです。本書の保育記録には、遊びの読み取りから保育を構想していくプロセスが保育者自身の迷いまるごと提示されていて、記録方法が多様化した現代においても、悩める保育者の役に立つ可能性があるように思います。保育は量的確保から質を追求する時代に入ろうとしています。保育の質の中核は子どもがよりよく育つことです。すべての子どもが豊かに遊び、豊かに学ぶことが求められています。どうしたら子どもの主体性と保育者の計画性が織りなす充実した園生活が展開できるか。このダイナミックで魅力溢れる保育の世界を、これからも探究し続けたいと思います。本書は中国語に翻訳され、2009年に華東師範大学出版社からも刊行されています。大陸のどこかで、拙著を通して日本の保育を思い描いている人がいるかと思うとわくわくします。

　本書の出版を進めてくださった萌文書林の故服部雅生氏、私の手書きの保育記録を図表化してくださった田中直子氏、再改訂に当たっていねいに資料との整合性をチェックしてくださった松本佳代氏に心からお礼を申し上げます。

2020年3月　　　　　　　　　　　　　　　　　　　　　　　　河邉貴子

著者紹介

河邉貴子（かわべ たかこ）

聖心女子大学現代教養学部教育学科教授。博士（教育学）。

文京区立明化幼稚園、練馬区立光が丘むらさき幼稚園にて12年間教諭として保育に携わった後、4年間、東京都立教育研究所にて指導主事。その後、立教女学院短期大学助教授、同附属幼稚園天使園園長を経て現職。

主な研究課題は保育記録論、遊び援助論で、園内研修への参画を通した現職の先生方との学び合いを何より大切にしている。医療と地域をつなぐNPO法人の活動やホスピスに絵本を届けるボランティア活動もライフワークの一つ。

社会的な活動

- 文部科学省「幼稚園における道徳性の芽生えを培うための事例集作成協力者」「第3期中央教育審議会初等中等教育分科会臨時委員」「幼稚園教育要領解説作成協力者」ほか
- 日本保育学会理事
- NPO法人コミュニティケアリンク東京理事
- 東京都子供・子育て会議委員 ほか

主な著書

『子ども理解とカウンセリングマインド』（共著、萌文書林、2001）

『ドキドキきらきらグングン』（聖公会出版、2006）

『子どもごころ』（春秋社、2006）

『今日から明日へつながる保育』（共監修、萌文書林、2009）

『保育記録の機能と役割』（聖公会出版、2013）

『幼児期における運動発達と運動遊びの指導』（共編著、ミネルヴァ書房、2014）

『改訂新版 河辺家のホスピス絵日記』（共著、聖公会出版、2014）

『遊びのフォークロア』（共著、萌文書林、2015）

『目指せ、保育記録の達人！』（共編著、フレーベル館、2016）

『心をとめて森を歩く』（共著、フレーベル館、2016）

『遊びの中で試行錯誤する子どもと保育者』（共監修、明石書店、2019） ほか

【写真撮影】天野行造

【撮影協力園】立教女学院短期大学附属幼児教育研究所天使園

【装丁】滝澤ヒロシ（四幻社）

【装画】片平菜摘子

遊びを中心とした保育
—保育記録から読み解く「援助」と「展開」

2005年5月21日　初版発行
2009年2月5日　改訂版発行
2018年3月25日　改訂版8刷
2020年5月15日　改訂第2版第1刷

著　者　河　邉　貴　子
発行者　服　部　直　人
発行所　株式会社 萌文書林
〒113-0021 東京都文京区本駒込6-25-6
TEL 03-3943-0576　FAX 03-3943-0567
https://www.houbun.com　info@houbun.com
印刷・製本　シナノ印刷株式会社

© Takako Kawabe 2020　　ISBN 978-4-89347-365-3　Printed in Japan